DO PRETO E BRANCO AO COLORIDO

DO PRETO E BRANCO AO COLORIDO

Vida e carreira de Bel Guerra

Bel Guerra

SÃO PAULO, 2023

Do preto e branco ao colorido
Copyright @ 2023 by Bel Guerra
Copyright @ 2023 by Novo Século Editora

Editor: Luiz Vasconcelos
Coordenação editorial: Letícia Teófilo e Driciele Souza
Organização e edição de conteúdo: Marilia Chaves
Preparação e revisão textos: Equipe Novo Século
Projeto gráfico e diagramação: Márcia Matos
Capa: @ocasal.rocha

Texto de acordo com as normas do Novo Acordo Ortográfico da Língua Portuguesa (1990), em vigor desde 1 de janeiro de 2009.

Dados Internacionais de Catalogação na Publicação (CIP)
Angélica Ilacqua CRB-8/7057

Guerra, Bel
Do preto e branco ao colorido / Bel Guerra. --
Barueri, SP : Novo Século Editora, 2023.
192 p. : il., color.

ISBN 978-65-5561-567-8

1. Esteticistas – Brasil – Biografia 2. Guerra, Bel – Biografia I. Título

23-4045   CDD 920.72

Índice para catálogo sistemático:
1. Esteticistas – Brasil – Biografia

GRUPO NOVO SÉCULO
Alameda Araguaia, 2190 – Bloco A – 11º andar – Conjunto 1111
CEP 06455-000 – Alphaville Industrial, Barueri – SP – Brasil
Tel.: (11) 3699-7107 | E-mail: atendimento@gruponovoseculo.com.br
www.gruponovoseculo.com.br

Cada rosto é um universo!
Bel Guerra

Agradecimentos

Gostaria de agradecer primeiramente ao meu marido, Felipe Claro, sem você eu não seria metade do que sou. Você me faz querer ser melhor a cada dia, me ensina, me faz crescer, abre os meus olhos, me corrige, me incentiva, me faz imensamente feliz. Em meio a 8 bilhões de pessoas, eu tive a sorte de encontrar a minha!

Também gostaria de agradecer aos meus pais, Cícero e Valéria, por me darem a vida, por sempre me apoiarem em tudo, por me darem um lar e uma família feliz junto com minha irmã, por nos darem o melhor ensino, por todo suporte, e aos meus avós por serem exemplos de seres humanos!

Não poderia deixar de agradecer a toda a equipe que trabalha incansavelmente nos bastidores para que tudo aconteça no universo BG, e em especial às minhas anjas; sem vocês este livro não teria história para contar. Obrigada por toda paciência, dedicação, fidelidade e empenho, obrigada por tudo!

E, por fim, o mais importante, gostaria de agradecer a Deus, por todas as bênçãos que me concedeu. Uma vez ouvi que Deus não escolhe os capacitados, Ele capacita os escolhidos. Tenho certeza de que fui escolhida por Ele para levar uma mensagem ao mundo. E é essa a missão a qual me dedico todos os dias.

Dedicatória

Dedico este livro a

Todos os professores que fizeram parte da minha trajetória; eu sei o que vocês passaram. Graças a vocês, hoje eu também sou uma.

Todas as pacientes que passaram pelas minhas mãos até hoje. Sem vocês eu não teria tamanha experiência.

Todas as alunas da Escola Bel, que confiaram em mim e nas anjas, vocês são o nosso pote de ouro.

Cada um dos meus seguidores, eu vi cada um de vocês chegar ao meu perfil do Instagram e Youtube; obrigada por tanto carinho.

Cada um dos leitores que estão com esta página aberta, este livro foi feito para você.

Espero ser uma inspiração para cada um. Espero que este livro não seja só mais um na sua prateleira, mas que seja um divisor de águas na sua forma de pensar e agir. Espero que este livro não seja um mergulho raso na minha vida, mas uma imersão na sua jornada de autoconhecimento. Espero que, assim, você também possa inspirar outras pessoas, e, juntas, sejamos capazes de tornar o mundo um lugar melhor!

Sumário

Quando tudo era preto e branco 11

O início da jornada 35

Descobrindo as cores 47

A vida ficou colorida 61

O arco-íris se formou 79

O pote de ouro 107

Além do arco-íris 117

O melhor ainda está por vir 129

Busque seu pote de ouro 149

CAPÍTULO 1

Quando tudo era preto e branco

> "Aqueles que possuem a faculdade de enxergar a beleza nunca envelhecem."
>
> *Franz Kafka*

A minha mãe sempre me disse: "Você não é todo mundo!". Acredito que a sua mãe também deve ter dito isso algumas vezes. Talvez essa seja uma das frases mais ignoradas de todos os tempos, mas acredite: ela é a maior verdade que as nossas mães tentam nos ensinar. Então, ao contrário do que imagina ao ler este livro, antes de me apresentar, gostaria de falar sobre você. Você que está com este livro nas mãos agora.

Este livro foi feito para você, pensado em você, e o maior objetivo dele é fazer com que entenda que, se quiser ajudar o próximo, você deve primeiro ajudar a si mesmo, encontrar a si mesmo.

Antes de mais nada, gostaria de te dizer que o que se tem de diferente é a única coisa que te faz especial. Essa é uma das frases mais importantes deste livro, e é por isso que você está exatamente aqui, no primeiro capítulo. Volte, leia de novo e grife. **Entenda: você não pode ser igual a nenhuma das outras 8 bilhões de pessoas no planeta Terra.** Nem mesmo os gêmeos idênticos são realmente idênticos. Mesmo que se esforce muito para ser igual a alguém, não vai conseguir! Ainda bem! Antes de colorir sua vida, você precisa passar pelo preto e branco.

Ao longo desses anos, formei milhares de alunas na Escola da Bel, atendi a outros milhares de pacientes na clínica Bel Guerra e entendi que o sucesso na vida depende da sua capacidade de enxergar a beleza. A beleza que mora nos detalhes, na simplicidade, no silêncio. A beleza que preenche. Você sabe do que estou falando. É a beleza de buscar os seus sonhos, de se autoconhecer, de respeitar a sua essência e, por meio dela, encontrar sua autenticidade.

Espero que, ao longo destas páginas, eu consiga apresentar não só a minha história, mas também os pontos da minha vida que podem servir para que você construa a sua própria caminhada. Afinal, você não deve querer construir uma trajetória igual à minha, e sim criar a sua própria história tentando ser a melhor *VOCÊ* que puder.

Entendido isso, podemos agora falar um pouco sobre mim. Meu nome completo é Isabela Pareja Guerra, mas todo mundo me conhece por Bel Guerra. Algumas pessoas acham que meu nome é Isabel, afinal... uma Isabela seria conhecida por Isa ou por Bela, né? Esse é só um dos milhares de pontos da minha história que saíram do previsto. Quando eu era pequena, uma amiga me chamava de Bebela, depois virou Bebel e, finalmente, Bel. Aí, todo mundo aderiu, e eu adorei! Só algumas poucas pessoas da minha família ainda me chamam de Isa ou de Bela.

Sou formada em biomedicina, habilitada em biomedicina estética pelo CRBM-1, e apaixonada pelo universo da "Harmonização facial". Nessa área consigo explorar a minha essência empreendedora enquanto faço pessoas felizes. O que mais me motiva é poder *ajudar* minhas pacientes e alunas. E o que mais me desafia é ser diferente dos iguais. Acredito que o propósito de todas as pessoas do mundo seja o mesmo: ajudar o próximo. Mas cada um tem uma missão diferente para realizar esse propósito. Eu sei a minha missão, e, neste livro, quero te ajudar a encontrar a sua.

Imagina se tirassem todos os seus bens, os seus títulos, tudo o que é seu, e agora te perguntassem: "Depois de remover tudo isso, quem é você?". Bem... finalmente o que restou é o que você verdadeiramente é: a sua essência! E a minha resposta para essa pergunta é: "Eu sou uma eterna criança feliz". E qual seria a sua?

Venho de Dourados, no interior do Mato Grosso do Sul, no Centro-Oeste do país, um lugar lindo e uma cidade pequena, com 225 mil habitantes – menos que muitos bairros de São Paulo! A vida em Dourados é boa, e por esse motivo muita gente está lá há gerações: filhos, pais, avós, bisavós. No entanto, minha família não é originalmente de lá. Meus pais vieram cada um de um canto do Brasil, e vou contar tudo isso em detalhes para você!

Ao contrário do que muitas pessoas acreditam, a nossa vida não começa com uma página em branco! Acredito que nossas origens influenciam muito para formar o que nos tornamos no futuro; por isso queria falar um pouco sobre a minha família.

Minha família é a base e a estrutura que me fez crescer, e as pessoas que fazem parte dela me ensinaram as maiores lições que já aprendi sobre disciplina, resiliência e generosidade. Vejo muitas vezes no meu jeito de administrar a clínica e a Escola da Bel os toques dos meus pais, da minha irmã, dos meus avós. O nosso jeito de olhar a vida e fazer as coisas. Acho que, mesmo se você não concorda totalmente com os membros da sua família, precisa ter maturidade para não julgá-los ou condená-los, pois, mesmo sem perceber, você age do mesmo modo. Essas pessoas são parte de nós, devemos olhar suas atitudes com carinho, nem que seja para refletir sobre quais são os erros do caminho que queremos evitar. Acredito que devemos a cada dia buscar melhorar, evoluir e amadurecer. Por isso honro muito minha família e olho para a história dela como uma inspiração e uma fonte de reflexão para escrever a minha. Sou muito abençoada por ainda ter os meus quatro avós vivos, e já adianto que um dos meus hobbies preferidos é ouvir as histórias de vida deles. Durante a escrita deste capítulo, recorri a eles várias vezes!

Foi dentro de casa que comecei a me interessar por saúde e estética, e muito do que eu sou hoje devo aos meus pais, à minha infância e à juventude em Dourados. Meu pai se chama Cícero. Ele é natural de Tupã, uma cidade pequena no interior de São Paulo – guarde essa informação, porque ela ainda vai voltar para a história. Ele recebeu o nome Cícero em homenagem ao padre Cícero, famoso no Nordeste, onde o meu avô nasceu e teve 35 irmãos! Então, se o seu sobrenome é Guerra e o seu avô é nordestino, talvez você seja minha prima!

Meu pai teve uma infância muito pobre e meus avós trabalharam muito para sustentar a família. Minha avó era dona de casa, enquanto meu avô era vendedor ambulante. Eles se conheceram muito jovens e tiveram que fugir para se casar, pois a minha bisa era muito brava e não queria que a minha avó se casasse ainda. Então foram morar em uma casa bem simples, com chão de barro. Durante o trabalho na roça, deixavam meu pai dentro de um cesto, na sombra dos pés de café, enquanto o cachorro da família ficava de guarda. Depois, meu avô comprou um bar, embora ele mesmo nunca tenha bebido, e se dedicou muito ao seu empreendimento: instalou ali o primeiro telefone da região! Ele é um homem de princípios e valores muito fortes. Sou apaixonada pelo meu avô. Ele é um fofo! Toda vez que me conta sua história, lágrimas rolam pelo seu rosto. Depois de um tempo, meu avô vendeu o bar e foi contratado por uma empresa que vendia álbuns de fotografia. Ele batia de porta em porta e tornou-se o melhor vendedor. Ele viajava por todo o Brasil e dirigia sem saber ler as placas, porque era analfabeto. Infelizmente, depois de um tempo na empresa, ele sofreu um acidente de carro e quebrou o pescoço. Num momento em que a carreira estava ótima, meu avô não pôde mais trabalhar, e a empresa o demitiu sem pagar nada. Foi nesse momento que minha avó teve que começar a trabalhar. Ela foi auxiliar de fisioterapeuta. Minha vó é uma pessoa linda demais, e não estou falando só da sua aparência. Ela é um anjo, engraçada, inteligente, curiosa, tem a pele linda e nunca fez um Botox, diz que o segredo é comer muito pé de galinha, pois possui bastante colágeno – se você também está acostumada a chamar rugas dos olhos de pé de galinha, veja que ironia! Minha avó cuidou de mim e da minha irmã muitas vezes durante a infância, e sua alegria de viver resume tudo o que eu espero ser na terceira idade. Eu amo essa mulher!

Eu e minha avó paterna

Durante esse período, meu pai mudou-se para Curitiba para estudar, pois queria fazer faculdade de medicina. Fez dois anos de cursinho preparatório e foi aprovado. Alguns anos depois, meu tio, irmão mais novo do meu pai, também se formou em medicina, casou-se e tem um filho que mora na França. Já minha tia, também mais nova, fez faculdade de direito, casou-se e tem uma filha que é adolescente. Sempre falo para ela: Juju, o mundo ainda vai conhecer o seu nome!

Meu avô sempre incentivou todos a estudarem, justamente por não ter tido essa oportunidade! Toda vez que meu pai conta sua história, se emociona muito, pois foi uma época extremamente difícil em sua vida. Quando meu avô não podia bancar algumas despesas, o meu pai tomava a frente. Um exemplo disso foi a faculdade de medicina do meu tio, que foi particular, e meus pais, com muita di-

Meus avós e os três filhos

ficuldade, o sustentaram. Vejo nele e nos meus avós essa resiliência, a força de não se abater quando a vida fica difícil, quando precisamos passar anos vivendo dificuldades e vencendo um dia após o outro.

Meu pai foi uma criança "raiz". Caçava, jogava bola e empinava pipa. Sua infância, apesar de muito pobre, foi divertida. Depois que cresceu, tinha o sonho de ser médico. Ele se formou em medicina na Universidade Federal do Paraná. Foi uma época difícil em sua vida, com pouquíssimo dinheiro, e quando ele estava no terceiro ano da faculdade, recebeu a notícia do acidente do meu avô. Aliás, antes de receber, foi em um orelhão e ligou para a minha avó para saber o que tinha acontecido, pois sentiu que algo estava errado! Infelizmente, meu pai estava certo. Nessa época, quando não estava estudando, no pouco tempo disponível que tinha, ele trabalhava para mandar dinheiro para casa.

Quando jovem, meu pai acreditava que ser médico significava realizar cirurgias. Então, por muitos anos na minha infância, tive um pai cirurgião. No entanto, em determinado momento, ele desenvolveu uma hérnia de disco na coluna e teve que interromper essa atividade, pois ficava muito tempo curvado. Por isso ele mudou para a especialidade de ultrassonografia, e depois passou a trabalhar em uma área mais burocrática da medicina, fazendo auditoria. E segue trabalhando nisso até hoje.

Meu pai é uma pessoa maravilhosa. Foi muito presente em toda minha vida e é minha referência de bondade no mundo. Brinco que ele nunca errou! Ele não tem inimigos, todos o amam. É calmo, engraçado e sábio. Ama os animais e a natureza, como eu. Gosta muito dos livros de Provérbios e Eclesiastes, diz que são guias práticos para a vida. Quando éramos crianças, meu pai lia um versículo por dia antes do almoço. "Quem é suave no falar, é amigo do rei" – é o que escolho para definir o meu pai!

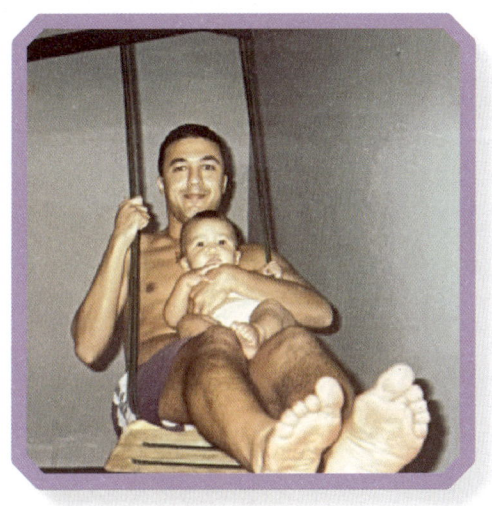

Meu pai e eu

Meu pai era católico, mas, desde que conheceu a minha mãe, se tornou evangélico, como eu e toda a família da minha mãe. Depois disso, meu pai estudou muito a bíblia e criou uma apresentação, algo parecido com um Ted Talks, sabe? Ele fala sobre a Bíblia em quinze minutos. Desenvolveu esse projeto por conta própria, já fez apresentações em diversos lugares, e aperfeiçoou essa palestra ao ponto de sempre encerrar a fala em exatamente quinze minutos, nem um minuto antes, nem depois. Se eu pudesse colocava um link aqui para você ver, mas ele não permite que ninguém filme, por isso nunca foi gravado.

Meus pais

Agora vamos falar sobre minha mãe, Valéria. Ela nasceu em uma pequena cidade chamada Peabiru, no interior do Paraná. Meus avós tiveram cinco filhos. Minha avó é uma pessoa muito doce! Ela morou na frente da minha casa e cuidou de mim por muitos anos. Que sorte! Sempre fez de tudo para me agradar e nunca brigou comigo!

Já meu avô materno é um espanhol arretado. É superbravo e vive falando palavrão, especialmente quando se trata de futebol, já que é um torcedor fanático do São Paulo. Ele também cuidou muito de mim e da Jé na infância; levava a gente para a escola e para todas as atividades extracurriculares que fazíamos, como ballet e inglês. Isso o tornava útil e ele sempre foi muito feliz com essa atividade. Exigia que eu fizesse caligrafia e me tomava a tabuada quando estávamos no carro. Apesar do seu jeito mais duro, é muito protetor comigo e não esconde de ninguém que sou a neta preferida! Dia difícil para os meus outros dez primos quando souberem disso publicamente!

Casamento dos meus avós maternos

Durante a adolescência, minha mãe precisou mudar de cidade para estudar e morou de favor na casa de uma tia em Curitiba, pois os meus avós não podiam sustentá-la sozinhos. Meu avô era gerente de algumas fazendas e minha avó era professora. Apesar de terem bons empregos, tinham outras quatro bocas para alimentar. Minha mãe também queria ser médica e quando passou no vestibular precisou fazer um financiamento, a fim de quitar sua dívida somente após a conclusão do curso. Quando isso aconteceu, o Plano Real estava em transição, e sua dívida foi quitada pelo Estado, pois não havia uma base de cálculo para o valor. Acho essa história maravilhosa, pois mostra a mão de Deus em cada momento da vida dos meus pais.

Minha mãe e os quatro irmãos, na tradicional foto de trenzinho

Minha mãe sempre foi extremamente proativa e trabalhadora, e é o meu exemplo de generosidade. Está sempre disposta a ajudar os outros e é amada por todos. Depois de formada, trabalhou como ginecologista e obstetra por muitos anos em Dourados. Brinco que ela pariu a cidade toda, pois várias das minhas amigas vieram ao mundo por suas mãos. Depois de muito tempo na área, trabalhando incansavelmente e abdicando de muitas noites de descanso, decidiu fazer uma pós-graduação em medicina estética, juntando essa área à ginecologia. Assim se tornou pioneira em estética íntima e hoje é referência em todo Brasil. Ela possui uma clínica linda em Dourados, onde eu comecei a trabalhar e atendo até hoje!

Minha mãe é a segunda filha, depois do meu tio mais velho, que faleceu de Covid há dois anos. Por isso, a tradicional foto do trenzinho nunca mais estará completa. Meu tio foi a primeira pessoa da família a escrever um livro, e a segunda, sou eu. Em seguida, vem minha mãe e depois os outros três filhos. Minha tia é a melhor amiga da minha mãe, ela é aquela tia que anima a família e só faz piada, sabe? Toda família tem uma tia assim. Eu espero ser essa tia para os meus sobrinhos também. Além dela, tenho mais dois tios, e todos foram muito presentes na minha infância! Cresci junto com os meus dez primos e nos finais de semana sempre estávamos brincando na casa dos meus avós!

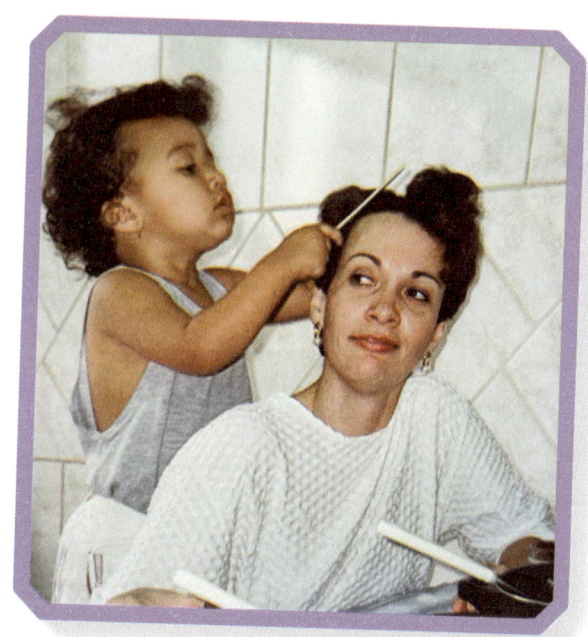

Minha mãe e eu

Uma das minhas melhores lembranças de infância com minha mãe são as noites que passávamos juntas deitadas na cama. O nosso ritual de leitura era sagrado. Ela deitava no meio, eu de um lado e a Jé do outro. Absolutamente todos os dias à noite, desde que me lembro por gente, vi a minha mãe lendo antes de dormir. Esse hábito dela, provavelmente, foi uma das coisas que me fez amar a leitura também. Já li diversos livros transformadores e uma vez ouvi alguém dizer que você só deve escrever um livro depois de já ter lido muitos e ainda achar que tem algo para agregar na vida das pessoas. Pois bem, aqui estamos hoje.

A cidade de Dourados tem uma das maiores reservas indígenas do Brasil, por isso é muito comum ver carroças de índios pelas ruas. Minha mãe sempre se preocupou muito com as mulheres indígenas. Fornecia anticoncepcionais para elas, porque via que algumas engravidavam com apenas 13 anos. E não parava por aí. Quando via as crianças pela rua, convidava para tomar banho de piscina em nossa casa. Era comum eu acordar aos sábados de manhã com barulho de água e pensar que eram minhas primas, mas, na verdade, eram os indiozinhos da vizinhança nadando em nossa piscina. Além disso, todos os anos, no dia das crianças, nós íamos em um orfanato levar presentes e servir cachorro-quente para as crianças! Isso me fazia voltar para casa e agradecer por cada tijolinho, pelos meus pais, pela minha educação, pela comida na mesa!

A minha mãe também tinha um projeto social no hospital público de Dourados. Lá tem uma UTI pediátrica para onde os bebês vão quando nascem com algum tipo de problema. Muitas dessas crianças chegam a ficar até um ano no hospital e as mães ficam junto, acompanhando os filhos. Mais uma vez minha mãe decidiu fazer algo para ajudar. Ela pegava toda a equipe da sua clínica, levava para uma sala no hospital e atendia cada uma dessas mulheres. Elas faziam peeling, maquiagem, massagem, depilação, arrumavam o cabelo, oravam por elas e faziam fotos com os bebês. O nome do projeto era Estética do Coração e o propósito era trazer mais autoestima e dar um respiro na vida daquelas mães que estavam completamente sugadas pela doença dos filhos.

O Estética do Coração aconteceu de 2015 até a pandemia – quando as regras mudaram e não podíamos mais entrar no hospital. Eu também participava, claro, sendo responsável pela divulgação, fazendo vídeos, postagens no Instagram, tentando captar mais profissionais para ajudar nas ações. Com a minha mãe aprendi algo que falo sempre para as alunas: você só consegue ser um bom profissional se for uma boa pessoa. Esse é o maior legado que ela vai deixar na Terra!

Nós quatro

Minha irmã se chama Jéssica e é quatro anos mais velha que eu, mas todo mundo acha que ela é a mais nova porque tem uma carinha fofa. Ela sempre conta a história do momento em que eu nasci. Ela estava em casa brincando com a minha mãe quando a bolsa estourou. A própria obstetra foi buscar minha mãe em casa para levar ao hospital, pois o meu pai estava em uma cirurgia. Minha mãe disse para a minha irmã que eu iria trazer um presente e ela foi levada para casa dos meus tios para me esperar. Quando me conheceu, ficou muito feliz e brincava comigo como se eu fosse uma boneca. Desde então sempre foi muito apegada a mim e adora arrumar o meu cabelo até hoje! Durante a infância, éramos muito companheiras e para mim não existia um mundo sem a Jé. Depois que crescemos um pouco, aconteceram alguns episódios de briga entre nós, mesmo ela sendo a mais velha, porque eu era muito brava e mandona – ainda sou! Disputávamos a escolha do que assistir na televisão, de quem era o brinquedo, quem iria usar o computador, acabávamos nos estapeando e, numa dessas, minha mãe teve que mandar a Jé me bater de volta para ela aprender a se defender e para eu aprender a não fazer mais isso! Mas, ao fim do dia, a gente voltava a se amar – acho que isso é coisa de todo irmão.

Eu e Jé

A Jé sempre foi muito boazinha. Era tímida e muito doce, nunca queria incomodar, tinha vergonha de tudo, e, por conta da timidez, precisou fazer aulas de teatro. Fui obrigada a fazer junto para ela se sentir mais à vontade, e é claro que adorei, sempre fui "aparecida", como ilustram minhas fotos de infância! Outras vezes, a Jé ficava com medo de dormir sozinha e vinha pedir abrigo na minha cama. Eu sempre aceitava, com uma condição: ela tinha que me dar alguma coisa. Nós colecionávamos ursinhos de pelúcia, adesivos e papel de carta, então, eu sempre negociava isso com ela!

A maioria não imagina a adolescente terrível que fui. Quando tinha 13 anos, minha irmã foi estudar fora de Dourados. Ela foi para Curitiba fazer cursinho, pois queria ingressar na faculdade de medicina, também! É a terceira vez que a história se repete neste capítulo, né? Nessa época, meus pais deram muita atenção a ela e além de ficar com ciúmes, me senti abandonada pela minha única companheira de vida até então!

Como boa adolescente, minha maneira de demonstrar isso não era das melhores. Eu não falava mais com ela, ignorava sua presença e ela ficava muito triste. Hoje em dia, entendo isso. Naquele momento eu não tinha a menor consciência do que estava acontecendo dentro de mim, como acontece tantas vezes com todos nós, quando não temos autoconhecimento. Só entendi mais tarde, na terapia, como a partida da minha irmã me afetou.. Quando chegou o dia em que ela foi embora definitivamente, fiquei muito triste. Chorei muito, pois me sentia abandonada e sozinha, e fiquei com muita raiva daquela situação.

Quando a Jé foi embora, levamos ela de carro até Curitiba e na saída de Dourados havia um caminhão na rodovia com a seguinte frase escrita atrás da cabine: "Nas mãos de Deus, Jéssica!". Posso viver cem anos, nunca vou me esquecer disso. Mais uma vez, vimos o cuidado de Deus com a minha família.

Depois disso, nunca mais moramos juntas. Acabei ficando sozinha na casa com meus pais e minha mãe brigava muito comigo na adolescência. Sabe por quê? Porque eu era terrível! Fui adiantada na escola, então todas as minhas amigas eram mais velhas do que eu. Isso me fazia querer frequentar atividades que ainda não eram apropriadas para minha idade, o que não me impedia. Eu inventava umas mentirinhas e ia escondido, mas minha mãe acabava descobrindo e me deixava de castigo. Pensando bem, acho que no lugar dela eu teria brigado até mais. O clima em casa ficava muito difícil. Eu era muito rebelde e não tinha mais a minha irmã para me ajudar a segurar a barra; era o meu pai que sempre tentava apaziguar o clima!

A situação parece que veio com prazo de validade. À medida que amadureci, as coisas se resolveram. Por isso acho que vale olhar para as situações difíceis, que muitas vezes parecem impossíveis de se resolver, e entender que aquilo tudo é passageiro. Parei de causar problemas, minha mãe parou de brigar comigo! Entendi que minha irmã estava lutando pelo sonho dela, e então, a harmonia reinou em casa novamente!

Enquanto isso minha irmã já havia passado no vestibular que tanto sonhava. Ela é a pessoa mais inteligente que conheço, muito estudiosa e dedicada. Sem dúvida, são as qualidades que mais admiro nela! Diante de tudo isso, percebo que todas as mulheres da minha vida exercem muita influência em quem sou hoje. Ao mesmo tempo em que percebo pontos tão parecidos com elas, vejo como as nossas diferenças fazem com que sejam minhas grandes professoras.

Hoje em dia é difícil estarmos nós quatro juntos. Atualmente a Jé mora em São Paulo, meus pais em Dourados, e eu aqui, em Nova York. Quando isso acontece, nós aproveitamos muito cada segundo!

Depois da faculdade de medicina, minha irmã fez residência em dermatologia. Logo, acabou seguindo uma área semelhante à da minha mãe e à minha. A diferença é que, na dermatologia, ela também trata doenças de pele.

Minha irmã é casada com o Pedro, com quem namorou por dez anos. Ele me viu crescer e é como um irmão pra mim. O sogro da minha irmã me arrumou um apelido muito pertinente: pimenta! E todos brincam com isso, afinal, me define muito bem! O meu cunhado também é médico! E nasceu em Tupã. Lembra que falei que essa cidade ainda ia retornar na história? Exatamente a mesma cidade onde meu pai nasceu! Eles se conheceram enquanto estudavam medicina, assim como meus pais. Sim, minha irmã, meu cunhado e meus pais se formaram em medicina, em Curitiba. E também foi lá, cerca de trinta anos depois, onde conheci meu marido, durante uma formatura de medicina! O meu marido não é médico e nem é de Tupã, mas a avó dele nasceu em uma cidade vizinha, outra coincidência interessante. Muitas vezes a gente passa

Nós seis

um tempo rindo e se perguntando de onde vem essa conexão maluca Tupã – Curitiba, mas acho que só quando chegarmos ao céu entenderemos o motivo! Atualmente, ninguém da minha família mora nessas cidades, mas às vezes recebemos algumas alunas de lá e conto essa história inteira de novo!

Pouco depois de meus pais se conhecerem, receberam uma oferta de trabalho em um hospital em Dourados. Eles namoravam há apenas seis meses e, diante da oportunidade, resolveram se casar, mudar para o Mato Grosso do Sul e começar uma vida juntos, do zero. Você vai ver mais à frente que essa minha coragem para mudar de cidade tinha que puxar de alguém, né?

Nossa casa em Dourados sempre foi cheia! Tenho um grupo de amigas que chamamos de "bonde das treze", nos conhecemos há muitos anos. Na nossa turma, ninguém entra, ninguém sai. Na verdade, agora já somos dezesseis, pois algumas já tiveram filhos. Conforme fomos crescendo, acabamos mudando de cidade e agora estamos distribuídas entre Dourados, Nova York, Rio de Janeiro, São Paulo, Goiânia, Curitiba, Rio Brilhante, Campinas e Campo Grande. O grupo se espalhou, mas ainda estamos unidas pelo WhatsApp. Quando todas moravam em Dourados, a maioria das reuniões oficiais na minha casa. Vivíamos juntas, fazíamos festas, tomávamos tereré, uma bebida típica do Mato Grosso do Sul. Estávamos sempre na frente de casa e a minha mãe, generosa como falei, fazia comida para todo mundo. Bolo, pão de queijo, cachorro-quente. Minhas amigas adoravam ir lá em casa. Hoje em dia, para conseguir reunir todas, só no casamento de alguma de nós. Nos divertimos muito juntas, como antigamente! Vale agradecer às minhas amigas por terem confiado em mim quando comecei. Praticamente todas foram e são minhas pacientes – modelo até hoje!

Bonde das 13

No ano passado meus pais venderam nossa casa. Depois que minha irmã e eu saímos para estudar, não fazia mais sentido manter uma casa grande e vazia. É estranho pensar em voltar para Dourados agora e não ter mais o meu quarto todo cor-de-rosa, que por tantos anos fez parte da minha história.

Apesar da minha adolescência trabalhosa, tive uma infância muito feliz, brincava muito. Meu pai dizia que eu era muito engraçada, sempre contando piadas e o fazendo rir. Aproveitei muito esse período, fiz natação, inglês, francês, balé, teclado e teatro. Podia brincar na rua, dormir na casa das amigas e trazê-las para dormir na minha. Tive casinha de boneca daquelas grandes, sabe? Amava nadar na piscina, inclusive fui competidora de natação dos 10 aos 13 anos. Também brincava no balanço, deitava na rede, pulava amarelinha, brincava de pega-pega com minhas vizinhas, esconde-esconde, aproveitei cada segundo! Fui muito feliz! Meus pais sempre deram espaço para minha personalidade desabrochar e muito do que sou hoje já era quando criança! Eu era uma mini empreendedora, adorava vender coisas. Pegava minhas roupas e brincava de vendê-las. Pegava um mouse e um teclado antigos e fingia estar fazendo anotações no computador. Também aprendi a fazer miçangas em um curso de bijuterias com minha mãe quando tinha cerca de 10 anos. Fazia brincos e pulseiras, e levava para vender na escola. Também fazia brigadeiros e suco Tang para vender em frente de casa. Houve uma época que minha mãe fazia tricô e minha irmã fazia caixinhas de papel para eu vender. Eu voltava da escola com o bolso cheio de moedinhas!

Além de amar ser vendedora, sempre fui muito vaidosa. Era a única criança que adorava ganhar roupa de aniversário, mas nasci em 8 de abril, próximo à Páscoa, por isso sempre ganhava ovos de chocolate. Minha mãe conta que certa vez, no meu aniversário de 7 anos, fui entregar os convites para minha festa e falei para todos os convidados que queria uma paleta de sombras de presente. Imagina a quantidade de maquiagem que ganhei nesse dia!

Sempre gostei de me cuidar, gostava de usar as roupas e os sapatos de salto alto da minha mãe. Quando eu aprontava, ela costumava esconder minhas roupas como forma de castigo. Eu era uma perua mirim. Lembro de uma foto engraçada minha quando criança, usando meia fina, toda de preto e óculos de sol, achando que era uma madame.

Aqui a Bel Guerra já existia. Eu jurava que tinha cinco helicópteros e a Jé só queria mostrar o papel de carta dela! Claramente vemos para quem cada uma puxou!

Na adolescência, fiquei viciada em cílios. Passava rímel em excesso, usava cílios postiços ou fazia alongamento. Também tive uma fase em que adorava pintar as unhas. Eu mesma fazia, todos os dias. Sempre gostei de me arrumar, passava horas cuidando do meu cabelo, das minhas sobrancelhas! Também gostava de tomar sol e comecei a fazer academia aos 13 anos. Fiz cursos de automaquiagem e preferia aprender a ficar bonita para não depender de ninguém. Acompanhei o início dos blogs e tutoriais na internet, mas confesso que até hoje não sou muito de pesquisar. Quando quero aprender algo, simplesmente vejo alguém fazendo uma vez e já entendo, depois continuo tentando por conta própria, vou me aperfeiçoando até dominar e descobrir todos os detalhes.

Quando olho para trás, vejo como a minha origem deu a base e também o tom de tudo que eu ia fazer na vida. Desde os meus avós, que passaram tanta necessidade e nos ensinaram o valor do trabalho, de como as vendas podiam mudar as nossas vidas, de como resistir aos desafios sem desanimar, até meus pais e minha irmã, com os estudos, a determinação, e a coragem de mudar e começar do zero em uma cidade diferente.

A Clínica Bel Guerra e a Escola da Bel são o sonho realizado daquela criança vendedora que amava se embelezar. Existe um pedaço da minha história em cada coisa que construí, e é por isso que estou dividindo-a com você. Esse é o meu convite para olhar para a sua história com mais carinho, em busca da sua essência. Enxergue quais pontos da sua história fizeram você ser o que é hoje. Afinal, não existe futuro sem passado.

CAPÍTULO 2

O início da jornada

Como entendemos o que queremos fazer da vida? Muitos me falam "nossa, Bel, você nasceu para isso!", ainda mais porque meu crescimento na estética aconteceu muito rápido, como se eu estivesse realmente destinada. Lembro de um dia estar conversando com o meu avô materno na garagem da minha casa e perguntar qual era o sonho dele. Ele me respondeu que, àquela altura, não tinha mais nenhum sonho. Nunca me esqueci do impacto dessa frase, porque para mim deixar de ter sonhos é deixar de viver. Ele rebateu com a pergunta: "E você, para quem quer trabalhar?". Respondi de bate-pronto que não trabalharia para ninguém, mas muita gente iria trabalhar comigo. Eu tinha 8 anos e nem sabia o que era ter uma empresa, não tinha noção do que dizia. No fundo, existia ali uma pessoa com espírito de liderança. Meu avô conta isso para todo mundo.

A questão é que, assim que cresci e liguei os pontos, tudo fez sentido. Mas até isso acontecer, dei muitas cabeçadas. Apesar de sempre ter amado a área de estética, meu caminho não foi direto e reto para descobrir o que queria fazer da vida. Quem olha hoje a clínica, a escola, acredita que foi muito fácil, muito natural essa descoberta. Mas tanto eu quanto meu marido somos pessoas que tentaram outras profissões antes de nos encontrarmos no que fazemos hoje.

Por isso, se você ainda se sente meio perdida, calma! Tudo tem jeito, e garanto que: se você olhar para dentro, vai se encontrar. O que aprendi é que todas as nossas fases são muito necessárias para sermos quem nos tornaremos no futuro. Sei que existem alguns períodos da vida que criam alguns traumas, mas, sem aquela experiência, a sua maturidade não seria a mesma. O sucesso não é algo pronto, mas sim um processo que está sempre em construção. O segredo é não parar. Você pode estar sem rumo, no entanto não pode, de forma alguma, ficar parada. Mas já vamos falar disso, antes, deixa eu te contar o que aconteceu.

Como contei no capítulo anterior, sempre fui muito vaidosa e desde criança o mundo da beleza sempre me encantou. No entanto, não tinha clareza sobre em qual área gostaria de trabalhar, a estética não era um caminho claro para mim – ainda mais em uma casa cheia de médicos.

Por ser adiantada na escola, concluí o ensino médio muito jovem, aos 16 anos, e já tive que decidir qual faculdade cursar. Era um momento de total falta de clareza. Até cheguei a fazer vestibular para medicina, porque em algum momento pensei que esse fosse o caminho certo. Entretanto, nunca foi um desejo meu. Pensei mais um pouco e pesquisei alguns cursos, então disse a meu pai: "Decidi, vou fazer psicologia".

Foi uma decisão repentina, mas vinda de uma imagem que projetei para a minha vida no futuro. Minha visão foi a seguinte: um espaço para atender pessoas, conversar com elas e criar um ambiente de onde saíssem se sentindo bem! Essa visão era tão real que eu podia até imaginar como me vestiria para trabalhar: com roupa social e salto alto! Isso te faz lembrar algum lugar? A Clínica Bel Guerra, talvez? Se você pensar bem, uma clínica de estética é exatamente isso. No entanto, como disse, naquela época, isso não passou pela minha cabeça.

Minha mãe foi ginecologista por muitos anos, até que, quando eu tinha por volta de 13 anos, ela iniciou a transição de carreira para o campo da estética. Quando eu deveria escolher minha profissão, ela iniciara um novo caminho há apenas dois anos. Era uma novidade lá em casa, por isso eu ainda não associava tanto as coisas. Ela fez uma pós-graduação em medicina estética em São Paulo. Viajava horas de ônibus para passar alguns dias estudando e engrenou outra profissão. Como essa influência ainda não era tão grande sobre mim, fui fazer psicologia. Passei no vestibular e me dediquei três anos ao curso, dos 16 aos 19 anos. Eu amava a teoria. Estudava muito e era uma das melhores alunas da sala. Nesse período comecei a terapia, pois é um pré-requisito do curso.

Eu no trote da faculdade de psicologia

Eu estava feliz até chegar o terceiro ano da faculdade. A parte teórica acabara e a prática iria começar. O estágio, definido por sorteio, me direcionou para o Centro de Atenção Psicossocial para alcoólatras e drogados – CAPS AD. Eu tinha 19 anos e estava em um ambiente onde a maioria dos pacientes eram homens, idosos e agressivos. Eu era uma garota jovem, bonita, recebia alguns olhares julgadores e ouvia burburinhos nos corredores. Fiquei totalmente travada. Não sabia o que fazer, como agir. Aqueles homens não levavam nenhum estudante a sério. Na verdade, nessa situação, nem eu mesma acreditava no meu poder de ajudá-los. Devido à falta de maturidade típica da idade, em vez de falar sobre isso, passei a faltar nas aulas, escondendo o fato dos meus pais.

Consequentemente, fui reprovada nesse estágio. Meu ímpeto na época foi desistir da faculdade, decisão da qual me arrependo, pois gostaria de ter terminado; afinal, ainda amo psicologia. Porém, àquela altura, eu não tinha maturidade para fazer diferente. Hoje em dia também entendo que se não trancasse naquele momento, talvez não tivesse chegado à biomedicina, que me trouxe até aqui hoje. Então, na verdade, não me arrependo tanto. Acredito que as coisas acontecem exatamente como deveriam, e essa é a minha história! Quando abandonei a faculdade de psicologia, aos 19 anos, alguém me sugeriu: "Por que você não faz estética? Você é supervaidosa, sua mãe tem uma clínica. Acho que poderia ser uma opção". Foi uma sugestão aleatória que abriu um questionamento dentro de mim. Comecei a pensar no assunto, fiz umas pesquisas e gostei!

Lá fui eu no início do ano seguinte me matricular na faculdade de estética. Cursei de janeiro até outubro e lembro que um dia a coordenadora Cláudia entrou na sala e disse: "Oi, pessoal, vocês conhecem a faculdade de biomedicina?". Ninguém conhecia. Então ela explicou: "A biomedicina é voltada para exames laboratoriais, análises clínicas. Quando você vai tirar sangue ou fazer um exame, sempre é um biomédico o profissional responsável pela realização. Além disso, o campo de atuação é vasto, e desde de 2010 existe também a biomedicina estética, por isso estou comentando com vocês".

Ela continuou explicando que na biomedicina estética se pode trabalhar com procedimentos injetáveis, como Botox e preenchimento. Os biomédicos estão acostumados a lidar com agulhas, devido ao trabalho com coleta de sangue. Os procedimentos estéticos são basicamente isso, trabalhar com agulhas e injetar substâncias. Você precisa conhecer muito bem as estruturas anatômicas do corpo humano – é preciso ser altamente detalhista e preciso, mas em vez de puncionar a veia do braço, como seria em um exame laboratorial, você vai injetar ácido hialurônico no rosto.

Durante a faculdade de estética

Achei toda essa história interessante, porque era exatamente o que minha mãe fazia. Os pontos foram se ligando na minha cabeça. Eu gostava do curso de estética, porém, minha impressão era de que as aulas práticas não pareciam uma faculdade, e sim, um dia de beleza com as amigas – ainda mais para uma pessoa que tinha passado três anos estudando as matérias de psicologia, que são superdensas. Naquela época, diferente de hoje em dia, a faculdade de estética não incluía procedimentos injetáveis. Nossas aulas eram assim: praticávamos umas nas outras, depilação, massagem, drenagem, design de sobrancelha, banho de lua, maquiagem etc. Pelo menos na minha faculdade, essa foi a experiência.

Eu não achava aquilo técnico o suficiente e também não me sentia desafiada, não estava satisfeita, sabia que poderia fazer mais, e queria mais. Cheguei em casa e falei para meus pais: "Existe uma faculdade de biomedicina que me permite trabalhar com estética também. Vou poder fazer procedimentos injetáveis, como a mãe faz. Só que essa faculdade não existe em Dourados. Só em Campo Grande, posso me mudar para lá?".

Meus pais que, como já contei, são um grande apoio, concordaram com a minha terceira graduação. Passamos um fim de semana em Campo Grande procurando um apartamento e visitando a faculdade. Então, transferi minha matrícula e fiquei de outubro até janeiro do outro ano esperando o início das aulas. Quando finalmente comecei biomedicina, eliminei dois semestres, pois já havia cumprido várias disciplinas nos cursos de psicologia e de estética. Assim, embora a faculdade de biomedicina dure quatro anos, conclui em três.

Durante o curso, mesmo sabendo que gostava e queria seguir na área da biomedicina estética, passei por uma fase de incerteza. É o que quero mostrar neste capítulo para você: mesmo quando parece óbvio, o caminho nunca está dado. Você vai ter trabalho para descobrir quem você é e o que precisa fazer para ser feliz. Mudei de ideia muitas vezes, e até hoje preciso parar para analisar minha vida, meu trabalho, para entender se aquilo é condizente com meus valores, se está me fazendo feliz e construindo o futuro que quero.

Biomedicina era bom, mas... em algum momento, aquela minha brincadeira da infância - de vender roupas - tocou meu coração. Eu só conseguia pensar em abrir uma loja de roupas. Falei pros meus pais que dessa vez me formaria, mas iria guardar o diploma na gaveta. Além de ser muito vaidosa e ter esse apelo forte para a estética, também sempre gostei de moda e de me vestir bem. As pessoas me perguntavam sobre meu estilo, e eu adorava aquilo. Eu pensava que não queria mais trabalhar com procedimentos injetáveis, mas hoje, analisando bem, sei o que era. Nessa fase, em Campo Grande, engordei muito, cerca de 20 kg. Estava infeliz, perdida, e odiava a minha aparência. Evitar a área da estética era como uma defesa para mim, já as roupas podiam me esconder um pouco.

Não acredito que a beleza tem a ver com o tamanho do corpo de alguém, mas o problema é que, daquele jeito, eu não me reconhecia. Não era a Bel que eu tinha visto no espelho a vida toda; de repente eu não gostava mais de mim, me sentia feia e, de alguma forma, não sabia mais quem era. Era outro rosto, outro corpo, e até mesmo por dentro, na minha mente, muitas coisas estavam confusas.

Eu estava bastante incomodada com essa situação, quando tomei providências e busquei ajuda. Voltei pra terapia e resolvi frequentar a igreja de Campo Grande. Eu não sabia exatamente o que queria fazer, mas tinha uma coisa que desejava muito: ser alguém na vida!

Lembro que um dia minhas amigas me convidaram para sair e fomos a uma festa. Chegando lá, eu estava desconfortável e incomodada, então, sem dar tchau para ninguém, fui embora. Cheguei em casa, deitei na cama e lembro de pensar que estava infeliz, sozinha, triste, me sentindo mal com meu corpo. Naquela noite, caí no sono com a luz acesa e a janela aberta, durante a madrugada acordei com frio. Levantei para apagar as luzes e fechar a janela, e, ao voltar para a cama, ouvi uma voz me dizendo que eu era especial! Nunca me esqueci desse momento. Apesar de não saber explicar até hoje se foi real ou se sonhei, optei por ter fé e entender que aquilo era um recado de Deus para mim! Esse foi um dos marcos na minha vida, e, a partir daquele dia, seleciono melhor o que faço, com quem me relaciono e os locais que frequento. Foi quando comecei a me ouvir e me respeitar. E isso tem tudo a ver com autoconhecimento. Aqui começou um processo de virada de chave, que ainda me levaria longe.

Eu já tinha o local e o nome para a loja em mente. Cheguei a falar com o meu pai, e mais uma vez ele me apoiou. Minha mãe intermediou, me dando um presente que foi muito importante. Ela comprou um curso de harmonização facial para mim, que eu faria logo após minha formatura e antes de começar o plano da loja. Aquele curso, na época, era muito caro, e se mostrou uma oportunidade que eu não poderia perder. Estava superanimada e, por alguns dias, esqueci a loja.

Durante o curso, postei muitos stories no meu Instagram, mostrando os resultados dos procedimentos realizados lá. Gostei muito da prática e fiquei muito feliz com o que acontecia nos rostos e na autoestima das pacientes-modelo. Os monitores diziam que eu era boa naquilo, e as mulheres se iluminavam depois das intervenções, olhavam no espelho como se estivessem brilhando. Foi algo que me encantou. Alguns seguidores das redes sociais acompanharam esses resultados e demonstraram interesse em fazer os procedimentos comigo. As pessoas perguntavam: "Quando você vai abrir sua agenda?".

Eu, que queria guardar o diploma na gaveta e abrir uma loja de roupas, decidi realizar esses atendimentos e nunca mais voltei a tocar no assunto da loja. No entanto, a clínica da minha mãe não tinha salas disponíveis para mim. A solução que encontrei foi pedir a ela para me emprestar a sua própria sala no sábado à tarde, pois eu tinha algumas pacientes para receber.

A verdade é que nunca abri a loja, mas, em 2021, estreamos uma coleção cápsula de jalecos e scrubs para profissionais de saúde. Um dos apelos para o lançamento da linha foi o meu antigo sonho de ter uma loja de roupas. Então, de uma forma diferente, e ainda mais especial, o meu sonho se realizou. E foi ainda melhor do que eu poderia imaginar, pois pude ver as minhas próprias alunas, dentro da minha própria escola, usando a minha própria coleção!

Alunas da EDB usando nossos scrubs arco-íris

Formada em biomedicina, com milhares de interesses – um lado empreendedora, outro biomédica, outro psicóloga, com muita vontade de atender pessoas, estudar e entender como alguém pode sair do meu consultório mais feliz do que entrou. Passei pelo processo e pude validar que a mudança de aparência gera outras transformações na vida das pessoas, nos seus relacionamentos, e até mesmo no posicionamento profissional. Por isso repito o que falei no começo: você pode estar perdida, mas não pode ficar parada. Sei que tudo o que passei me fez ser mais compreensível e ter mais empatia quando uma paciente pede minha ajuda ou quando uma aluna chega na minha escola.

É importante se manter em movimento, estudar, descobrir quem queremos ser e fazer. Não virei a Bel Guerra da noite para o dia, não foi um caminho reto, sem obstáculos, mas cada parada, cada desvio, foi importante para que a clínica e a escola fossem o que são hoje. Assim começou o momento mais intenso da minha vida – mas isso é assunto para o próximo capítulo.

Dia da colação de grau de biomedicina

CAPÍTULO 3

Descobrindo as cores

Depois que comecei a trabalhar com harmonização facial, nunca mais parei. Já gostava de estética, mas vivenciar o que acontece em um consultório, a relação com a paciente, estudar anatomia, cefalometria, as proporções únicas de cada pessoa, mudou a minha visão de trabalho e de propósito. Mesmo depois de tantos anos, ainda me sinto interessada e curiosa por pesquisar tudo o que existe sobre a área. Sinto que quando atendo é um dos únicos momentos em que a minha mente relaxa e entra em estado de foco absoluto: não dá para fazer outra coisa, nem pensar em mais nada. E sabe o que torna essa área tão especial, pelo menos para mim? Nem é tanto a parte técnica, mas sim as pessoas.

Cada uma das minhas pacientes e alunas são únicas e tem sua própria história. Cada paciente que entra na minha sala me ensina muito, e, a cada consulta, a cada nova análise, a cada procedimento, eu vou aprendendo com elas – deve ser a alma de psicóloga que nunca me abandonou totalmente. Muitas pessoas acreditam que os pacientes da área são mesquinhos ou fúteis. Mas comigo, isso definitivamente não acontece. Por exemplo, tenho uma paciente chamada Roseli, com setenta anos, uma mulher incrível. Ela transborda energia positiva, parece que tem um sol particular junto a ela – só de chegar na clínica ilumina tudo em volta. É uma mulher extremamente vaidosa e compartilha ensinamentos maravilhosos quando vai à clínica. Ela enxerga beleza em cada detalhe da vida, exatamente aquela beleza que preenche, que citei no primeiro parágrafo deste livro. Ela quebra muitos padrões, não tem crise com envelhecimento, não tem desânimo por causa de aposentadoria, é uma mente e um corpo que estão sempre pulsando, vibrando. É inspirador para mim ter alguém assim em minha vida, tão tranquila, resolvida e feliz. Tenho também a história de uma paciente de apenas 13 anos, que se chama

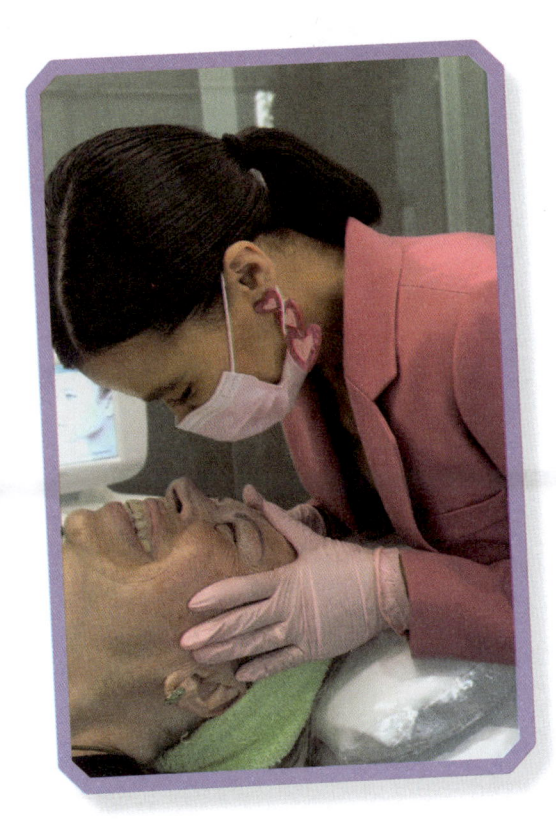

Isabela também. Ela fez um procedimento no nariz comigo, com autorização da sua mãe. Apesar de tão nova, essa característica a incomodava tanto, que ela desenvolveu uma timidez enorme, e evitava ir à escola, matando aulas por vergonha de mostrar seu rosto para outras pessoas. Quando eu tinha 10 anos, quebrei o nariz em um acidente doméstico e, aos 13, fiz uma cirurgia para correção, pois também me incomodava muito. Parecia que eu era a pessoa perfeita para acolher a Isabela. Eu a entendi, não a julguei, e o melhor de tudo: resolvi o seu problema! O nariz dela ficou tão lindo, que hoje, aos 16 anos, ela ainda é minha paciente! Assim como elas, as outras pacientes são a minha fonte de inspiração: são mulheres independentes, bem resolvidas, vaidosas, mães, empresárias, e eu as admiro demais!

Acredito que muito da clientela que você atrai para o seu negócio é um espelho de quem você é e do que comunica. Sempre priorizei uma estética baseada em bem-estar e naturalidade, tanto que raramente recebo pacientes que querem procedimentos transformadores – e tudo bem querer essas coisas, mas aí existem profissionais que são especialistas nesse tipo de procedimento. Sou muito grata por ter construído uma clínica que, em sua maioria, só recebe pessoas felizes, de bem com a vida, que trazem lições valiosas. Acho maravilhoso fazer parte da jornada delas.

Costumo dizer que quem tem autoestima busca a estética como uma forma de se cuidar ainda mais. Mas aquelas pessoas que não têm buscam a estética como a solução de suas vidas. Essas pacientes podem ser um problema: estão infelizes, reclamam muito e quando finalmente realizam seus procedimentos e se olham no espelho, continuam sem autoestima! Porque a autoestima é um apreço por si mesma que vem de dentro! O que você pensa sobre si, o quanto acredita no seu potencial e o quanto se admira. Claro, um procedimento estético pode ajudar, mas não pode fazer a sua parte: se olhar com carinho, com empatia, com respeito e verdadeiramente se amar! Quando isso acontece, essas pacientes podem perceber o erro ou podem reagir. Se ela perceber o erro, vai tomar a atitude de buscar outras formas de autoconhecimento, e, nesse caso, o nosso trabalho foi o empurrãozinho que faltava. Se ela reagir, pode dizer que o seu trabalho não foi bom o suficiente, que não gostou do resultado e exigir o dinheiro de volta. Uma pena, pois essa pessoa continuará achando que os outros podem resolver o problema dela, quando, na verdade, só ela mesma poderá fazer isso ao finalmente olhar para dentro de si mesma.

Eventualmente, atendo pacientes com essas características, mas sempre faço o máximo para ajudá-las – e acredito que nos encontramos sempre no momento certo. Algumas pacientes chegam com a foto do rosto de uma celebridade e me pedem para ficar iguais àquela pessoa. Você já pode imaginar o tamanho do "trabalho mental" que preciso fazer antes de realmente entrar na consulta. O que *preciso* conseguir é fazer a pessoa entender que ela não só não pode ser outra pessoa, como também não deveria querer ser outra pessoa! Como já passei por esse processo, sinto que posso ser um instrumento para elas mudarem suas mentalidades também. No entanto, sei que muitas vezes essas mulheres precisam de mais pessoas as ajudando além de mim. É por esse motivo que acredito que o aspecto principal que me faz amar essa área são as pessoas. Gosto de conversar, de trocar experiências, de refletir. Isso me inspira.

Quando pensava em fazer psicologia, por exemplo, esse desejo tinha muito a ver com ter um espaço onde as pessoas pudessem se abrir e compartilhar suas experiências. Muito além de estudar um rosto, estou sempre de ouvidos abertos para entender o que está por trás das queixas estéticas daquela paciente. Nunca é apenas sobre um nariz, uma boca, uma ruga. Existe muito mais na insatisfação daquelas pessoas, e uma escuta atenta muda completamente o atendimento. Me coloco como ouvinte e depois deixo claro que posso ajudar. Não preciso nem dizer como, as pacientes já se sentem seguras e confiam na minha postura. Minha intenção é proporcionar uma experiência positiva e contribuir para que cada paciente se sinta melhor consigo mesma. Você percebe que cada detalhe faz com que a minha história seja única? Desejo que você busque isso na sua história também. Você pode pensar que, para ter sucesso, basta repetir tudo o que fiz. Mas você nunca poderá calçar os meus calçados e viver a minha vida. Portanto, olhe para sua história e procure os pontos que também te fazem ser única!

O que torna tudo isso ainda mais fascinante para mim é poder unir a parte técnica, a psicologia e o empreendedorismo na mesma profissão. Você sabe que desde pequena fui vendedora. Então, nunca tive dificuldade para vender e oferecer meus produtos. Na verdade, falo sobre meu trabalho para todo mundo, em absolutamente todo lugar que vou. As pessoas ficam enlouquecidas querendo conhecer a clínica!

Como falei, desde pequena sempre gostei de vender coisas. Poderia ter feito administração, marketing, publicidade e propaganda, acho que teria sido feliz nessas profissões. Havia várias opções. No entanto, dentro da biomedicina, consigo conciliar tudo isso. Gosto de liderar, de me envolver na parte de vendas e de empreender. Acredito que um conselho muito válido para quem se sente perdido profissionalmente é olhar para as práticas que lhe dão mais satisfação no dia a dia. Isso é um segredo que ninguém conta na hora de escolher um caminho profissional.

Consigo trabalhar por horas, sem parar. Assim sei que estou no caminho certo. Trabalhar não é um sacrifício, é um processo de desenvolvimento pessoal que aproveito muito, que é sempre um desafio e sempre é interessante, prazeroso. Acredito que ser feliz no caminho te mostra se o que está fazendo é o certo para você.

Durante a faculdade de biomedicina eu já trabalhava meu Instagram, compartilhando muito da minha vida. Também fazia alguns trabalhos de publicidade para lojas de roupas, sapatos, maquiagem e acessórios, sempre produzindo conteúdo relacionado a questões femininas. Foi quando fui convidada para representar Dourados no concurso de Miss Mato Grosso do Sul. Naquela ocasião, muitas pessoas da minha cidade e do meu estado passaram a me conhecer, pois várias lojas queriam me patrocinar para divulgar suas marcas. Nessa época, eu já tinha um público que me acompanhava e, aos poucos, juntei em torno de dez mil seguidores.

Assim que me formei, já tinha uma audiência consolidada e era conhecida por um bom número de pessoas. Fui para aquele curso, voltei com algumas consultas agendadas e, sempre que tinha uma paciente, fazia questão de trabalhar bastante o Instagram, fazendo stories, postando fotos minhas atendendo e mostrando o antes e o depois das pacientes. Ia produzindo conteúdo para mostrar o que eu fazia. Esse começo foi um pouco mais tranquilo, pois eu só tinha pacientes nos finais de semana, quando a sala da minha mãe estava disponível.

A prefeita de Dourados e eu, em 2017

Houve uma época em que o antes e depois foi proibido pelo CRBM e todos os profissionais ficaram bem chateados. Lembro de pensar: "Poxa, toda vez que eu postava um caso legal, uma nova pessoa ficava interessada... E agora? Bom, agora vou fazer vídeos explicativos, comentar casos de famosos e explorar outros tipos de conteúdos educativos!". Uma capacidade que tenho é a de extrair o doce do amargo. Não dá para ficar dando murro em ponta de faca. Então, se não é mais possível de uma determinada maneira, não adianta perder tempo lamentando, vamos em busca da próxima!

A maioria das pacientes que atendia no início me conhecia, não apenas pelas redes sociais, mas também por contatos em comum. Dourados não é uma cidade muito grande. Então, todo mundo conhece alguém que conhece a Bel, e isso trabalhou muito ao meu favor. Essas pacientes chegavam até mim principalmente por indicação boca a boca, o famoso networking, porque as amigas que tinham feito procedimentos comigo mostravam o resultado e indicavam. Nessa época eu não tinha muito foco, ainda fazia os trabalhos de publicidade e nas horas vagas ficava com minhas amigas.

Time de embaixadoras da Arezzo Dourados em 2019

Porém, cerca de três meses depois, liberaram uma sala para mim na clínica da minha mãe. Assim, a partir de abril, comecei a trabalhar de forma mais efetiva. Se você quiser resultados diferentes, precisa fazer coisas diferentes. Nesse período, tomei a decisão de parar de fazer parcerias e divulgações com outras empresas. Foi uma decisão difícil, pois achava que trabalhando para essas marcas teria mais visibilidade e, de fato, eu ganhava seguidores . No entanto, as pessoas não me enxergavam como autoridade em harmonização facial, pois eu misturava os conteúdos. Um dia estava falando sobre sapatos em uma loja, no outro dia estava falando sobre Botox. Aqui fica uma lição: número de seguidores não tem importância se você tem uma agenda vazia. Foi quando tomei essa decisão que minha carreira realmente começou a melhorar. Nas horas vagas eu continuava na clínica, estudando e criando conteúdo. Todo meu tempo e energia gastos com outras empresas agora eram dedicados 100% à minha empresa.

No início, muitas pessoas sentem medo e me perguntam o que fiz com o medo quando comecei. A verdade é que sou uma pessoa corajosa e autoconfiante. Quando comecei, me sentia preparada e segura dentro das limitações de conhecimento que tinha. É claro que isso nem se compara ao preparo e a segurança que tenho hoje. Naquela época eu tinha *muito pouca bagagem*, mas sabia que minha carreira só iria evoluir quando eu tivesse mais experiência. Portanto, não deixe o medo te paralisar. Tenha cuidado, responsabilidade e estude, mas não deixe de dar o primeiro passo.

Uma pessoa que me ajudou muito foi a minha mãe. Mas ela não é aquele tipo de pessoa que entrega tudo de mão beijada. Brinco que ela fez comigo igual mãe de passarinho quando vai ensinar a voar: joga do penhasco. Ela é médica e sempre me trazia informações, principalmente sobre as consequências de um atendimento feito sem os devidos cuidados. Ela plantava uma pulga atrás da minha orelha perguntando se eu sabia o que estava fazendo e como resolveria se houvesse alguma complicação. Minha mãe sempre foi a pessoa responsável por me colocar no meu lugar, me trazer um pouco à realidade. Graças a Deus, nunca tive nenhuma complicação. Comecei a estudar muito nessa época, aprendendo sobre anatomia e resolução de problemas, para ter mais autonomia ao lidar com possíveis complicações.

Muitas pessoas falam que tive sorte por ter uma família que já era da área, e concordo. Foi um ótimo atalho já ter uma clínica legal e um estoque de produtos, mas se tem uma coisa que nunca fui é acomodada! Eu poderia ter ficado escondida atrás do nome da minha mãe e vivendo de indicações, mas nunca quis depender de ninguém. Sabia que para mudar a minha realidade, eu só dependia de mim mesma e dos meus esforços!

"SE VOCÊ É MAIS PRIVILEGIADO QUE OS OUTROS, CONSTRUA UMA MESA MAIOR, E NÃO UM MURO MAIS ALTO!"

Minha mãe, minha irmã e eu temos várias pacientes em comum. Apesar de trabalharmos na mesma área, minha mãe é quem domina as tecnologias e a minha irmã é quem domina as doenças de pele. Por isso, sempre encaminhamos pacientes uma para as outras, assim, nossas pacientes podem receber o melhor atendimento possível. Minha irmã entrou um pouco depois na história, porque se formou ano passado. A faculdade de medicina é um caminho mais longo e, mesmo sendo mais velha do que eu, ela ainda precisou fazer residência. Nós conversamos bastante e temos essa troca, sempre mandamos vídeos ou posts diferentes que sejam interessantes para nós. Adoramos pesquisar novidades, entender como as coisas funcionam em outros países, o que está sendo apresentado nos congressos de estética. Sempre temos a sensatez de esperar um tempo para ver se determinada técnica se estabiliza no mercado e quais são as intercorrências. Na medida do possível, tudo que é seguro eu procuro trazer para a clínica e para a escola!

Minha mãe ministra cursos individuais de estética genital para médicas em sua clínica em Dourados, além de ser palestrante e professora em diversas instituições no Brasil. Em alguns dos cursos da Escola da Bel, passamos uma videoaula dela ensinando sobre Luz Intensa Pulsada e Ultraformer, esse último também foi o tema da palestra dela no BGEx 22. A Jé recém-inaugurou seu próprio consultório de dermatologia em São Paulo e trata problemas de pele, cabelo, unhas, além dos procedimentos estéticos injetáveis, mas ainda não oferece cursos. Quando o assunto é educação, elas enviam muitas alunas para a EDB.

Nós seis na inauguração da clínica de São Paulo, em outubro de 2021

O início de carreira para mim foi muito importante, mas acho que você consegue tirar daqui duas lições: é preciso ter coragem para começar, e ainda mais: ter foco no que realmente quer. Precisamos sempre estar coerentes com nossos objetivos. Alguns dias não acordamos motivados, mas a disciplina e o foco no objetivo devem estar sempre em chamas dentro da nossa mente. A partir do momento que silenciei o mundo para me dedicar ao que realmente queria fazer, a clientela explodiu. Comecei a ser chamada para ministrar várias palestras, aperfeiçoei os atendimentos, as técnicas e desenvolvi o selo Bel Guerra de qualidade.

No próximo capítulo, vou contar mais um pouco sobre a clínica e o início do meu relacionamento com meu marido

– que foi a pessoa que abriu os meus olhos para muitas das coisas que contei neste capítulo. Mas gostaria de finalizar pedindo para você refletir: para quais coisas você precisa dizer um "não" temporário para conseguir o SIM que você tanto espera? Pense sobre isso!

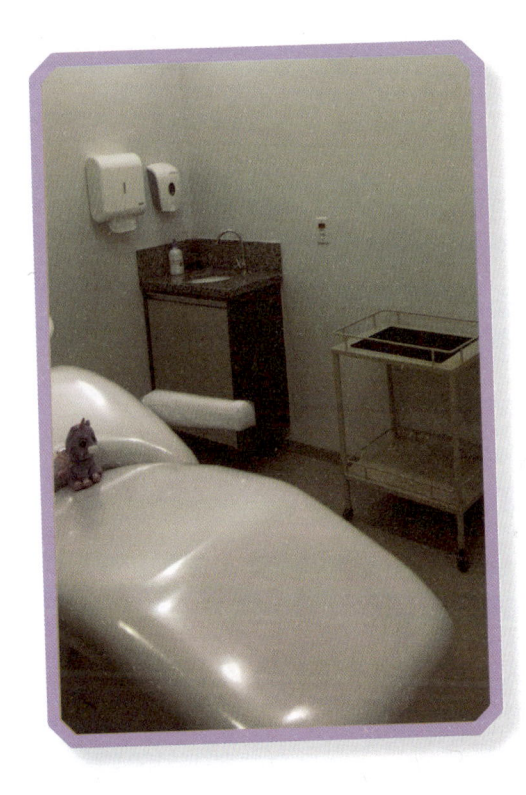

Minha primeira sala na clínica em Dourados, com a maca que ganhei de presente do meu pai

CAPÍTULO 4

A vida ficou colorida

Como todo o resto na minha vida, o amor também entrou em cena de um jeito que nunca imaginei. Minhas alunas, pacientes e seguidoras conhecem o meu marido, o Felipe, porque ele faz parte de todos os meus negócios. A executiva Sheryl Sandberg, chefe de Operações do Facebook (que hoje se chama Meta), tem uma frase que representa muito o que quero passar neste capítulo: "Eu realmente acredito que a decisão de carreira mais importante que uma mulher toma é se ela terá um parceiro de vida e quem é esse parceiro.*"

A Sheryl é especialista quando o tema é mulheres e carreira, e explica que, muitas vezes, o sucesso vai depender de quem você escolhe para compartilhar a vida. Amor é importante, é a força que move a todos nós, mas, em um casamento, não é o amor que sustenta o relacionamento, e sim a forma de se relacionar é que sustenta o amor. Portanto, escolha alguém que impulsione o seu crescimento – com apoio, com tempo, com atenção. Essa admiração vai fazer você amar ainda mais o seu parceiro. Escolha alguém que viva os seus sonhos não se esqueça de fazer isso por ele também.

Apesar de o Lipe já ser conhecido por muitas pessoas, nem todo mundo sabe da quantidade de caminhos que nós tivemos que percorrer para chegar ao nosso casamento – que é um encontro não só de corações, mas de trabalho, intenções e planos de vida. O Felipe me completa plenamente, e, como ele gosta de dizer, nosso casamento (como qualquer outro) é uma sociedade. O casamento é a sociedade entre duas vidas, dois CPFs, que precisam interagir muito bem, desde o planejamento estratégico até o estilo de execução, gerando resultados que precisam ser bons para os dois. Um casamento é a empresa mais importante que todo casal deve ter. O Felipe sempre me diz que depois que casamos ele arrumou um segundo emprego! Acho engraçado, mas isso mostra o tanto de compromisso e responsabilidades que temos com o nosso contrato, ou melhor, com a nossa certidão de casamento!

---

* SANDBERG, Sheryl. "Faça acontecer: mulheres, trabalho e a vontade de liderar". São Paulo: Cia. das Letras, 2013.

O dia mais feliz das nossas vidas, e meu pai de olho em tudo!

Como já contei anteriormente, conheci meu marido em uma formatura (curiosamente também em Curitiba, onde meus pais se conheceram). E como coincidência nunca é demais, também era uma formatura de medicina. O Felipe é de São Paulo, mas estava em Curitiba para essa formatura a convite de um amigo dele, e eu estava lá, pois, do meu lado, o formando era o meu cunhado, marido da minha irmã. O amigo do Lipe era da mesma sala do meu cunhado. Nessa formatura, nossos caminhos se cruzaram. A chance de isso acontecer era muito pequena, a gente sabe, mas não acredito em coincidências, sei que esse era o nosso destino. Costumo brincar que nesse dia nossos anjos da guarda fizeram pipoca lá no céu, para assistir ao primeiro episódio da série onde a menina de Dourados encontra o rapaz de São Paulo.

Quando chegamos na festa, minha prima me cutucou e disse: tem um menino de terno cinza que não para de te olhar. Hoje em dia, o amigo do Felipe que estava na formatura também conta que ele também não parava de falar da menina de vestido vermelho. Trocamos olhares, até o momento em que ele finalmente tomou coragem para falar comigo. Ele chegou meio sem jeito, perguntou meu nome, e, depois que respondi "Isabela", soltou a cantada mais previsível que toda Isabela pode ouvir: "Você é muito bela mesmo!". Eu levei na brincadeira, dei risada, e a conversa andou. Na hora de trocar telefones, um desafio. Ele tinha um celular muito velho, que estava sem bateria. Me passou o número dele e pediu para que eu mandasse uma mensagem, e, quando ele chegasse em casa, responderia. O que eu pensei? "Esse menino tem namorada, está evitando a namorada em uma festa com o celular desligado."

Nossa primeira foto juntos, na formatura

O começo é pura especulação, não é? Ainda bem que a minha aposta estava errada. De madrugada, ele carregou o celular e me respondeu. Trocamos redes sociais e descobri que no dia seguinte era aniversário dele. Mandei uma mensagem, e ele fez outra brincadeira previsível: "Meu presente foi conhecer você!". E continuamos conversando. Mesmo com essa empolgação, no fundo, tanto eu quanto ele pensamos que nunca mais nos veríamos, porque eu era de Dourados e ele, de São Paulo.

No mês seguinte era Carnaval. Por coincidência (lembrando que não acredito em coincidências), nós dois iríamos para o Rio de Janeiro e combinamos de nos encontrar. Mais uma vez, a chance de isso dar certo era baixíssima. Mas chegando lá passamos o feriado juntos. Vendi o ingresso de todas as festas que comprei. Minhas amigas ficaram chateadas e reclamaram, dizendo que eu estava desperdiçando meu Carnaval e deixando de curtir com elas por um cara que eu nunca mais veria na vida. Da mesma forma, os amigos dele também questionaram por que ele ia passar o Carnaval inteiro com uma garota que ele nunca mais encontraria.

No último dia do Carnaval, ele me pediu em namoro. Estávamos na praia quando ele disse: "Quer namorar?", assim mesmo, só com essas duas palavras. Era tudo o que eu queria, mas respondi dizendo que morava a mil quilômetros de distância de São Paulo e perguntei como faríamos para nos ver. Ele respondeu que poderíamos tentar nos encontrar uma vez por mês: eu iria a São Paulo e ele viria a Dourados. Não tínhamos nada a perder além de milhas no cartão de crédito, então, decidimos tentar. Paralelamente a isso, eu havia acabado de me formar, então, um mês depois, eu teria aquele meu primeiro curso de Harmonização Facial que minha mãe me inscreveu, lembra?

    O curso tinha uma duração de dois fins de semana, então eu teria cinco dias de intervalo no meio da semana, sem nada para fazer, enquanto esperava pelo próximo fim de semana. Foi aí que ele sugeriu que eu pegasse um avião e fosse passar esses cinco dias em São Paulo. Pesquisei o preço da passagem e R$200 nunca valeram tanto a pena. Aceitei a proposta sem contar para quase ninguém, pois certamente os meus pais não apoiariam – afinal, eles ainda não sabiam desse novo namorado, e, na verdade, eu estava indo viajar para estudar! Acho que contei apenas para minha irmã, por segurança. Ficamos juntos por uma semana, sendo a primeira vez que estávamos namorando de forma mais "normal": jantamos fora, fomos ao cinema e passamos tempo conversando em casa, coisas que nunca tínhamos feito juntos. Antes, nossos encontros tinham sido em Curitiba e no Rio, então, a partir desse momento, nosso relacionamento realmente começou – e a minha carreira também. Como dá para perceber, foi o ano que minha vida mudou completamente.

    Amei namorar a distância, porque, diferentemente do que muitas pessoas dizem, para mim não foi uma experiência ruim. Amadurecemos muito, conversávamos o dia inteiro pelo WhatsApp, aprendemos a confiar demais um no outro, e quando nos encontrávamos era a maior alegria do mundo. O Lipe e eu viajamos muito durante o nosso namoro, e isso é uma das coisas que mais gostamos de fazer: nos divertir! Mas a gente não precisa estar em uma viagem para isso, somos o estilo de casal que qualquer prazer nos diverte! Somos muito brincalhões um com o outro, amamos os animais e estar na natureza, adoramos um estilo de vida saudável, ir à academia juntos, passar horas no parque conversando, ler, ouvir podcasts, fazer drinks em casa são nossos programas preferidos. Desde que conheci o Lipe, ele me ensinou a valorizar o básico, a viver apenas com o essencial. O Lipe é praticante do minimalismo, ele me influencia muito nesse sentido, me mostrando o real significado da vida *low profile*. Temos um único desejo luxuoso em comum: uma casa bem grande, com muita área verde, horta, oficina, escritório, piscina, adega e tudo o que temos direito, mas, por enquanto, vivemos em um apartamento de 40 metros quadrado, e *somos muito felizes com o que temos*.

    Desejei muito viver tudo isso, e, nos anos em que estava perdida durante a faculdade, cultivava o hábito de construir um mural dos sonhos. Aprendi a colocar intenção nos meus objetivos quando li o livro *O Segredo*. Esse livro é conhecido no mundo inteiro e existe bastante controvérsia. Não estou aqui para tentar te convencer de nada, mas sou o tipo de pessoa que acredita nas boas intenções do universo, e todos os meus objetivos se manifestaram. Essa casa que descrevi, não tenho dúvidas que em breve será nossa. Mas se ainda não é, é porque não chegou a hora. Até hoje, absolutamente tudo o que escrevi, se tornou realidade. E mais do que escrever, desenhei. Vou te mostrar a montagem que o Lipe e eu fizemos, quando sonhávamos em ter uma clínica em São Paulo. Nela, estava toda a nossa família na inauguração, exatamente como na foto que você viu algumas páginas atrás.

Montagem feita em setembro de 2019

Além dessa, também temos outra montagem nossa na estátua da liberdade, que postei há pouco tempo no Instagram, de quando começamos, em 2020, a pesquisar formas de morar nos Estados Unidos. Hoje moramos aqui, em Nova York.

O FELIPE CHEGOU PARA AGREGAR

Quando o Lipe era bebê, costumava ser muito bonzinho. Mas uma noite, chorou muito, então minha sogra, que também se chama Bel, estranhou e o levou ao hospital. O médico disse que o fechamento da moleira dele estava atrasado e que provavelmente ele não teria um bom desenvolvimento cerebral, o que poderia causar prejuízo intelectual. Minha sogra prontamente pediu demissão do emprego para se dedicar aos cuidados com o bebê. Após algum tempo, ela o levou a um outro pediatra da família, que disse não haver nenhuma evidência de atraso mental. Mais uma vez, vemos o cuidado de Deus em todos os momentos.

Tem uma outra história engraçada na família do Lipe. Quando criança, o irmão mais velho dele uma vez escreveu um bilhetinho dizendo que "O Lipe é o queridinho de todos". Amo essa história, porque quem conhece o Lipe, realmente, o ama! Meu pai então, acho que gosta mais dele do que de mim! Ele é muito proativo em ajudar, é engraçado e uma ótima companhia. O Lipe é dessas pessoas tão bem educadas que até surpreende! Sabe aquele homem que faz todas as tarefas domésticas porque sabe que é obrigação? Então, é ele! Sempre agradeço aos meus sogros por isso. Me dou muito bem com meus sogros, eles também me defendem muito e são como pais para mim. Eles nunca esconderam o carinho e a admiração que sentem por mim e pelo meu relacionamento com o filho deles!

Conto a história do meu marido porque praticamente

Minha família e a do Lipe

tudo que construí tem influência dele. Namoramos a distância por dois anos, já que ele morava em São Paulo, e eu, em Dourados. Isso deu espaço para conversarmos muito, sobre tudo. Todo aquele peso que eu havia ganhado durante a faculdade, foi ele quem me ajudou a perder. Ele não me falava para fazer dieta ou academia, ele simplesmente me amava como eu era, e isso me curou. Parei de questionar quem era e comecei a me encontrar. Na família do Lipe há histórico de uma doença hereditária no coração. Por isso, ele sempre cuidou muito da alimentação e praticou atividade física. O simples fato de o admirar e me inspirar na sua disciplina fez com que eu quisesse fazer o mesmo! É isso que acontece quando você encontra pessoas que admira: quer fazer o mesmo. Talvez por isso você esteja lendo esse livro agora.

    O que mais amo no Felipe é o quanto ele me faz rir. Ele realmente me faz muito feliz, e é por isso que o nosso casamento é tão valioso. Ele valoriza muito a família e é a pessoa mais solícita em ajudar que eu já conheci, admiro demais essa atitude. O Lipe sempre tem um ponto de vista diferente. Ele tem dez anos a mais de idade do que eu, e essa experiência de vida me faz respeitar demais tudo o que ele fala e ensina. Toda vez que ele dá aula na EDB ou na mentoria, as alunas ficam espantadas com quanto conhecimento ele possui.

    Enquanto minha carreira crescia, nosso relacionamento também crescia. Um tempo depois, era o meu aniversário, e o Lipe foi para Dourados conhecer meus pais. Aproveitei e fui passar a Páscoa na casa dele, e conheci os meus sogros. Postamos a nossa primeira foto juntos, oficializando nosso relacionamento e, a partir daí, passamos a ter um namoro normal.

Logo nesse início, quando começamos a namorar e eu comecei a atender e produzir conteúdos, o Lipe me deu a sugestão de abrir um canal no YouTube. Ele acreditava que quando as pessoas tinham dúvidas, buscavam no Google e acabavam sendo direcionadas ao YouTube. Eu era recém-formada e não tinha muita visão de negócios ou uma perspectiva externa do meu trabalho. Ele era de São Paulo e tinha uma visão diferente das pessoas do interior. Ele foi me mostrando várias coisas e me orientando nesse crescimento. Talvez você ache que um canal no Youtube e um grupo no Telegram sejam coisas simples, mas não são – afinal, se fossem, por que você não tem um? Criar conteúdo dá muito trabalho. A maioria das pessoas que começa para depois de pouco tempo, porque espera resultados rápidos, coisa que não acontece. No entanto, com o poder do foco e da disciplina, que aprendi com o Lipe, consegui criar o maior canal de Biomedicina estética do Brasil, e muitas das minhas pacientes e alunas me conheceram por lá.

Assim como eu, o Felipe também não começou a trabalhar logo de cara com o que seria a carreira dele. Quando ele estava próximo de concluir o ensino médio, analisou a situação da família e entendeu que não conseguiria pagar uma faculdade, então começou a pensar na carreira profissional aos dezesseis ou dezessete anos. Ele começou a trabalhar como garçom e chegou até a falsificar um RG, pois a idade mínima para esse serviço era de dezoito anos. Além de garçom, ele também fazia outras tarefas, como ser monitor em concursos públicos, acompanhando os candidatos durante as provas. O que aparecesse de trabalho ele topava.

Tanto o pai quanto o irmão dele trabalhavam na aviação, não como pilotos, e sim em terra, na parte operacional de uma empresa aérea. A empresa tinha acabado de abrir e estava em fase inicial. Conhecendo o processo da empresa e entrando mais nesse mundo, veio a vontade de ser piloto, uma profissão caríssima para se formar. Ele não se abalou, começou a explorar outras opções no mercado da aviação e viu que poderia ser comissário de bordo. Aprimorou o inglês e começou a carreira de comissário aos dezoito anos, o mais jovem da empresa naquele momento. Durante os três anos em que atuou como comissário, conseguiu economizar dinheiro para pagar pelas horas de voo necessárias e assim se tornou piloto.

Mas o que aconteceu é que, ao longo desse tempo, ele percebeu que a aviação talvez não fosse a melhor opção. Ainda enquanto era comissário, percebeu que os horários eram muito malucos: em alguns dias ele dormia às três da manhã, enquanto em outros precisava acordar nesse mesmo horário. A carreira de piloto não seria diferente, e a situação da aviação no Brasil na época era preocupante. Ele tinha testemunhado o fechamento de empresas como Vasp e Varig. Então, aos 21 anos, ele decidiu que não queria mais aquela vida. Após ter ingressado na aviação aos 18 e ter trabalhado até os 21 o Felipe saiu da área e foi para uma nova faculdade.

O primeiro curso que ele fez foi em Sistemas de Informação, em 2007, mas logo percebeu que não era a área em que realmente queria seguir. Durante o estágio, percebeu que tinha aptidão para uma área diferente. Em janeiro do ano seguinte, já havia iniciado seu segundo curso, dessa vez em Economia. Ele concluiu a graduação e começou a trabalhar na Bolsa de Valores de São Paulo. Em seguida, passou a trabalhar em um grande banco. Após terminar a faculdade, fez um MBA em Finanças no INSPER – finalmente encontrando o que gostava. Trabalhou em alguns bancos e corretoras, até chegar na empresa que trabalha hoje, há sete anos, e que nos transferiu para os Estados Unidos.

O caminho dele foi parecido com o meu: foi difícil entender o que viemos fazer neste mundo, mas, nunca, nenhum de nós dois paramos de tentar, de buscar! Sempre nos mantivemos em movimento. Isso diz muito sobre nós! No começo do namoro, com essa experiência em negócios, ele me orientou muito para construir a minha marca. E, quanto mais eu focava a minha atuação de biomédica, mais o negócio crescia. Além de estudar, eu realizava estudos de caso e fazia aulas gratuitas em grupo com muitas alunas. Colocava esse conteúdo no grupo de estudos do Telegram e também no close friends do Instagram. Isso aconteceu quando eu tinha poucos meses de formada, vale lembrar. A faculdade em que me formei viu que eu estava produzindo todo esse conteúdo e me convidou para ministrar aulas lá. Logo, me tornei professora universitária. Esse foi um momento importante na minha carreira, pois as pessoas me reconheciam como autoridade, e isso me dava muita credibilidade com as minhas pacientes.

Quando comecei a dar aula na faculdade, algumas alunas me diziam: "Bel, você não poderia dar um curso VIP para nós fora da faculdade? Um curso VIP de Botox ou de preenchimento labial, por exemplo?". Elas queriam mais prática, e comecei a pensar sobre isso. Decidi testar para ver como me sentiria dando essas aulas com mais profundidade e menos gente na sala. Marquei um dia, criei alguns slides, convidei algumas pacientes-modelo e ministrei esse primeiro curso.

Após o primeiro curso em 2019 veio o segundo, o terceiro e logo eu estava ministrando vários cursos VIP. Foi durante esse período que minha agenda começou a ficar cheia. Até então, eu atendia uma ou duas pacientes por dia; havia dias em que tinha cinco pacientes, e no dia seguinte nenhuma. É assim com todo mundo no início, até que o jogo começou a virar. Eu já estava ganhando bem e resolvi reformar toda a minha sala. Contratei uma arquiteta e, em um mês, minha sala estava completamente diferente. Isso foi algo que também deu um *upgrade* na minha jornada. A sala ficou linda e continua assim até hoje. Frequentemente trocamos os quadros ou a decoração para dar uma renovada. Já diria o ditado: *"É para frente que se anda"*.

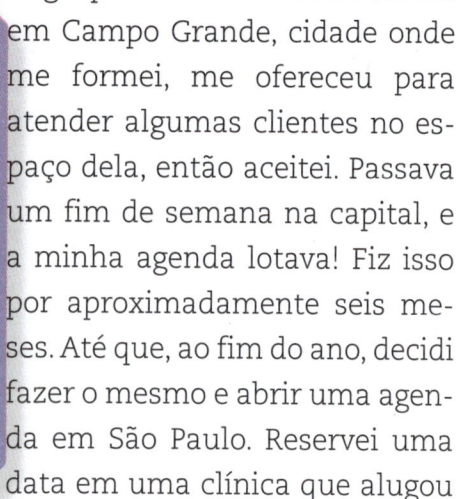

No meio do ano, uma amiga que tem um salão de beleza em Campo Grande, cidade onde me formei, me ofereceu para atender algumas clientes no espaço dela, então aceitei. Passava um fim de semana na capital, e a minha agenda lotava! Fiz isso por aproximadamente seis meses. Até que, ao fim do ano, decidi fazer o mesmo e abrir uma agenda em São Paulo. Reservei uma data em uma clínica que alugou uma sala para mim por diária. Foi difícil conseguir esse espaço, porque todas as clínicas me diziam "não", achando que eu queria roubar as pacientes. No fim, deu tudo certo, as primeiras pacientes me conheceram pelo Instagram; algumas, foram indicação de pessoas de Dourados, e outras foram as namoradas dos amigos do Felipe. Todas me ajudaram muito nesse momento, divulgando e passando meu contato para outras pessoas. Eu pedia isso sem nenhuma vergonha. Aos poucos, mais pacientes da cidade começaram a procurar por mim. Além do Instagram e YouTube, comecei a trabalhar conteúdo no TikTok, que também foi uma forma de me promover. É uma plataforma que nunca usei muito, mas teve um vídeo meu que viralizou, falando sobre Botox, e teve cerca de dois milhões de visualizações. A maioria das pessoas que assistiu esse vídeo era de São Paulo. Nessa mesma época, uma influenciadora chamada Adriana Santanna convidou algumas seguidoras para fazerem uma live com ela. Me inscrevi e fui selecionada! Até hoje atendo pessoas que me conheceram pelo TikTok ou por essa live! Não pense: "Ah, ela teve sorte por isso", porque essas oportunidade surgiram quando me coloquei em movimento, criando conteúdo! Nada caiu no meu colo de graça!

Na mesma época, dei meu primeiro curso VIP em São Paulo. Assim como aconteceu em Dourados, em São Paulo, as alunas me conheceram pelo meu conteúdo nas redes sociais. Para ministrar o curso, eu preparava o material, alugava uma sala e então dava a aula. Tinha dificuldade em conseguir pacientes-modelo pois conhecia poucas pessoas em SP, então, chamava as meninas da limpeza da clínica que eu alugava a sala para serem minhas modelos.

Ao longo dos nossos dois anos de namoro, algo terrível

aconteceu: a pandemia do Covid-19. Durante a pandemia, nosso relacionamento a distância ficou extremamente difícil e ficamos cerca de seis meses sem nos ver. A clínica em Dourados também ficou fechada por vários meses devido às restrições. Como resultado, minha agenda em São Paulo foi afetada e não pude atender lá durante esse período. Nesse momento, nos separamos brevemente por três meses, e eu parei de atender em São Paulo. No entanto, no início do ano seguinte, nos reconciliamos e fomos para Noronha juntos, para passar o meu aniversário. Foi nesse momento que decidimos nos casar e, a partir daí, percebi que precisava me concentrar em São Paulo para estabelecer minha carreira e me mudar para a mesma cidade que o Felipe.

Decidimos que para ter um serviço diferenciado, precisávamos encontrar uma sala permanente. O período pós-pandemia deixou muitos espaços vazios na cidade, e encontramos uma que era do tamanho ideal, em uma localização perfeita, exatamente onde eu queria! Parecia um lugar incrível, mas precisava de muita reforma. Decidimos alugar a sala e iniciar as obras, que duraram cerca de seis meses. Durante a reforma, eu já estava morando em São Paulo, visitando a obra e atendendo ainda na antiga sala alugada por diária. Nesse momento, minha agenda inverteu: agora, eu ia para Dourados atender uma vez por mês.

Durante esse período, contratei minha primeira colaboradora, a minha anja Karol, que se tornou meu braço direito em Dourados. Mas isso é tema para o próximo capítulo, quando vamos falar da gestão da clínica.

O que vale de reflexão aqui é: escolha quem vai cami-

Maio de 2021, quando pegamos a chave da sala

nhar ao seu lado. Não falo só das escolhas amorosas – apesar de serem as mais importantes, porque são as que levam a maior parte do nosso tempo e energia. Olhe para as cinco pessoas mais próximas de você, elas devem estar alinhadas com tudo o que você construir.

O Lipe me ensinou a ver o que realmente importava não só na vida, mas também no meu negócio, no meu posicionamento. Ele realmente se importa com o meu sucesso. Desde Dourados, nós sempre fomos muito abertos e falamos sobre tudo. Não somos aquele tipo de casal em que a esposa não sabe quanto o marido ganha, sabe? Na minha família e na dele tivemos ótimos exemplos de relacionamento: nossos pais. Desde o início tivemos a abertura de falar sobre nossos trabalhos, nossas dificuldades, nossas metas e objetivos e de explorar juntos quais seriam as possíveis soluções. No começo eu perguntava muitas coisas para ele sobre gestão, e, aos poucos, de forma natural, ele já cuidava de quase tudo relacionado a essa parte. A demanda do Lipe na clínica foi evoluindo gradualmente, e, à medida que a clínica crescia, os problemas também mudavam. Sempre compartilhamos tudo de uma maneira muito saudável e com foco em encontrar as melhores soluções. Foi uma evolução tanto dos problemas que enfrentávamos quanto das nossas conversas, interações e crescimento juntos. Atualmente o Lipe também dá uma consultoria financeira para clínicas de estética e muitas das minhas alunas confiam nele para ajudá-las!

É desse tipo de parceria que você precisa, chega de desperdiçar foco. Nessa época, estávamos escorregando no arco-íris, em direção ao pote de ouro.

CAPÍTULO 5

O arco-íris se formou

> "100% dos clientes são pessoas. 100% dos funcionários são pessoas. Se você não entende de pessoas, você não entende de negócios."
>
> **Simon Sinek**

A PRIMEIRA ANJA DE DOURADOS

Negócio que cresce precisa sair da mão do dono. Com o aumento da demanda é natural que você precise contratar pessoas para assumir o que antes só você fazia, e com a minha clínica não é diferente. Em um período curto de tempo, eu tinha duas operações com mais de mil quilômetros de distância entre elas. Foi aí que entraram as minhas anjas.

Tudo começou com a Karol. Eu costumava atender em média duzentas pacientes por mês em Dourados – e depois que me mudei para São Paulo, precisei reduzir minha capacidade para metade, atendia setenta pacientes em cinco dias. Foi um momento de repensar o negócio, rever o preço – como a demanda era muito alta, era preciso cobrar mais. Minha autoridade na cidade tinha se consolidado e fiquei conhecida por oferecer um tratamento com muita qualidade. Hoje, mesmo morando em Nova York, continuo abrindo agenda em Dourados quando volto ao Brasil. Fico duas semanas em São Paulo e outras duas na minha cidade natal.

A Karol começou a trabalhar na clínica quando estava no último ano da faculdade de biomedicina. No início, ela não tinha interesse em estética, e sim pela perícia criminal. Ela conta que, ao longo do curso, percebeu que o trabalho na perícia não se encaixava no estilo de vida que procurava. O que precisava era de uma área que lhe desse satisfação e liberdade para poder realizar seus sonhos no futuro, como ser mãe. Recentemente, recebi uma chamada de vídeo da Karol chorando às sete da manhã para me contar que está grávida! Nesse momento, nosso primeiro anjinho está sendo fabricado!

Durante as aulas ela percebeu que a estética era um campo interessante e, no último ano, decidiu sair do emprego que tinha na igreja para procurar estágio no ramo, foi quando nossos caminhos se cruzaram de novo. Karol e eu frequentamos a mesma igreja desde crianças e sempre fomos próximas – ela era amiga de uma das minhas primas, e um dia me procurou no Instagram perguntando se havia alguma oportunidade para trabalhar comigo. Além de conhecê-la desde pequena, sempre via o nome dela nas minhas publicações. Ela curtia, comentava e fazia várias perguntas, querendo entender mais sobre o assunto e demonstrando interesse. Como se diz, "quem é visto é lembrado". Então, quando ela me mandou mensagem para saber se eu precisava de uma estagiária, eu não pensei duas vezes. Isso era tudo o que eu precisava! Ao contrário da maioria das pessoas, eu queria alguém sem experiência, para poder treinar bem e ensinar tudo do meu jeitinho.

Na entrevista, ela parecia uma adolescente com o cabelo pintado de cor-de-rosa. Ela foi aprovada. Quando começou, era auxiliar de sala, secretária, e ao longo dos meses, investi na carreira dela dando cursos de limpeza de pele, microagulhamento, drenagem linfática e intradermoterapia. Toda vez que eu perguntava se a Karol já tinha feito alguma tarefa, ela dizia prontamente que sim, e eu respondia: "você é uma anja!". Foi assim que surgiu o termo "anjas", que toda a minha audiência conhece!

Karol e eu, quando estava recém-formada

Eu conseguia visualizar o potencial de crescimento da Karol na clínica, o que se provou muito verdadeiro. Atualmente ela atende várias das minhas pacientes e muitas outras que conquistou sozinha. Além disso, ministra na Escola da Bel todos os cursos que eram meus até vir embora para Nova York e tem várias alunas.

Mesmo sem mim, as clínicas, tanto de São Paulo quanto de Dourados, continuam funcionando a todo vapor. Dediquei muito tempo e atenção para a Karol, porque queria que ela conseguisse reproduzir tudo exatamente da forma como eu fazia. Na posição de anja, ela leva o nome e a reputação da clínica junto a suas atividades. Com o tempo, minhas pacientes em Dourados passaram a confiar plenamente na Karol, e ela desenvolveu suas próprias habilidades e presença nas redes sociais. Por estar em constante crescimento, agora a Karol conta com uma nova anja, que, acredite se quiser, também se chama Karol! Assim, consegui dedicar parte do meu tempo a São Paulo e ao crescimento da minha carreira na cidade.

Já na Clínica mais linda de São Paulo, assim que abrimos, iniciei um processo seletivo para contratar estagiárias. Além da análise de currículo, fiz um questionário com várias perguntas, pessoais e profissionais. Minha ideia com isso era conseguir ver a essência e a autenticidade delas, e não somente a parte técnica que também contava muito. O currículo delas era bom, já sabiam fazer alguns procedimentos básicos e nesse ponto as duas se complementavam, agregando mais procedimentos à nossa cartela. A Maju fazia mais limpeza de pele, enquanto a Gabi trabalhava com sobrancelhas e cílios. Como estagiárias têm carga horária de seis horas, resolvi contratar duas. Chamei elas para uma entrevista e a minha primeira frase foi: "Imagina isso aqui como uma conversa com uma amiga, eu quero conhecer você!". Acabei contratando a Maju e a Gabi, minhas segunda e terceira anjas.

Meus filhotinhos: Maju e Gabi, no começo do estágio

Sou apaixonada pelas minhas meninas. Elas são tão determinadas, proativas, engraçadas e fiéis! As duas começaram durante a faculdade e faziam de tudo lá comigo, cumpriam todas as demandas da clínica conforme havia ensinado a elas. As garotas cuidavam da agenda, do estoque, da recepção, faziam café, auxiliavam nos atendimentos, me ajudavam na limpeza. A intenção era dar a elas a mesma qualidade de atenção e treinamento que deu certo com a Karol. Tudo o que antes eu fazia sozinha, agora tinha as meninas para me ajudar. Durante o estágio, elas participaram como alunas do meu curso Passaporte, que é o mais completo e aborda tudo sobre harmonização facial. Depois ficaram responsáveis por atender os retornos das pacientes-modelo do curso, sempre sob minha supervisão. Isso fez com que em pouco tempo já tivessem bastante experiência, pois, temos muitas pacientes-modelo, devido à grande frequência com que temos cursos na escola. Além disso, Maju e Gabi também me escutavam durante todas as consultas, procedimentos e cursos, absorvendo muita informação e aprendendo bastante.

Inúmeras pessoas falam sobre o medo de ensinar tudo a alguém e correr o risco de pedirem as contas depois. Nunca me preocupei com isso, afinal sei que não posso controlar a vida delas. Em vez disso, sempre me preocupo em ser a melhor chefe que podem ter. Faço questão de fornecer a elas um plano de carreira e crescimento dentro da clínica e da escola. Faço questão de me preocupar com suas metas pessoais, com suas famílias, e assim, criamos um vínculo muito maior que apenas o empregatício.

Ao longo de um ano, essas meninas amadureceram, assumiram mais responsabilidades e tiveram uma visão mais completa da clínica. Quando se formaram, foram efetivadas. Hoje, elas são as minhas biomédicas na filial de São Paulo, e desde que vim embora, brinco que são minhas herdeiras. Foi muito bom ter conseguido fornecer esse treinamento para todas, porque agora que moro em Nova York, tanto a clínica em Dourados como a em São Paulo estão em ótimas mãos. Não tenho vergonha de dizer que as meninas cuidam tão bem de tudo que, hoje em dia, algumas funções elas já exercem melhor do que eu. Aliás, diariamente recebo feedbacks que confirmam isso.

Acredito que muito do nosso sucesso está no treinamento e no fato de que a meta delas é a minha também. Muitas vezes quando estou dando mentoria vejo alunas donas de clínica que tratam os funcionários apenas como uma ferramenta de fazer dinheiro – e ainda oferecem alguma coisa que é muito irrelevante para o funcionário quando ele ou ela bate uma meta, como um vale-manicure no salão de beleza. Ninguém trabalha o mês inteiro para ser reconhecido com um vale-manicure. A verdade é que, para que alguém trabalhe pela sua empresa com olhos de dono, a meta dessa pessoa também precisa ser a sua meta, e não o contrário.

Sabe como fazemos isso na clínica? Quem estabelece a meta de faturamento não sou eu, e sim as anjas. A Karol, a Maju e a Gabi têm uma conversa aberta e transparente comigo sobre quais são seus sonhos para o futuro e objetivos a alcançar. O quanto se veem ganhando e assim estabelecemos metas para a clínica que vão atender as *delas*, não as minhas. Não imponho metas agressivas nem faço chantagens ou ameaças. Não coloco minhas necessidades na frente, permito que as anjas se motivem a conquistar suas próprias metas. E não tenho medo de deixar isso na mão delas, porque esse cuidado já tomei no momento da contratação: reconheci que eram ambiciosas e proativas, e por isso mesmo foram contratadas. As metas das três para esse ano inteiro foram batidas no mês de junho. Vibramos com cada conquista e dobramos as metas.

Compro os sonhos delas e, como resultado, elas também compram os meus. E a clínica não para de crescer, como contei. A Karol agora passa pelo mesmo processo que fiz com ela, treinando a sua própria anja Karol, que já mostrou ser bem o nosso estilo: é vaidosa, proativa e cria conteúdo sobre o estágio. Está se saindo muito bem e tenho certeza de que quando começar a atender, o sucesso será a única possibilidade. Em São Paulo, também contratamos uma pessoa nova para o time comercial. A Nat é uma amiga antiga que me ajudava com algumas demandas. É inteligente, ágil, rápida e proativa, sempre vi nela alguém que vai além das suas funções. Por isso não pensei duas vezes antes de oferecer essa vaga para ela.

A divisão entre as tarefas das anjas é harmônica e de acordo com o talento de cada uma. Como disse, elas se complementam muito bem, cada uma com habilidades diferentes. No administrativo a Maju fica responsável pelo estoque da clínica e da escola, enquanto a Gabi ajuda a gerenciar as redes sociais e as vendas de cosméticos em nosso *e-commerce*. Atualmente, ambas ministram aulas na Escola da Bel, têm muitas alunas e recebem muitos feedbacks excelentes. Não conheço nenhuma outra pessoa recém-formada que em seis meses conquistou tantas coisas como as duas conquistaram.

Olha como as crianças cresceram! Passou tão rápido

Outra coisa muito legal sobre essa dupla é que são muito amigas. Todo mundo pergunta se já se conheciam antes do estágio. Além de ficarem juntas na clínica o dia inteiro, às vezes dormem na casa uma da outra, se arrumam juntas e se ajudam muito no desenvolvimento pessoal. Claro que eventualmente se desentendem, mas depois conversam, se respeitam e dão feedbacks construtivos uma para a outra. Enquanto isso, a Maju passa por um relacionamento a distância, um assunto que conheço bem. Por isso sempre dou apoio, falo da minha experiência, e estou disponível para escutar seus conflitos e ajudar. Fazemos questão de construir um relacionamento de companheirismo e amizade na clínica, porque no fundo nós somos espelhos umas das outras. Elas são mais jovens que eu, mas com muitos pontos em comum, e entre eles está a vontade de ter um futuro promissor. Ser esse auxílio e oferecer uma estrutura segura para elas se desenvolverem me faz muito bem e vejo isso como um propósito para mim. Também encaro como um desafio pessoal cuidar das minhas cinco meninas: Karol, Maju, Gabi, Karol e Nat.

Entendo que é uma grande dor para os empresários ter colaboradores que, ao saírem pela porta, querem que você não exista, que sonham com o dia de sair dali para virarem autônomos. Acredito que as pessoas se sentem assim em relação aos chefes por sentirem falta de perspectiva de crescimento e de reconhecimento do quanto estão investindo naquele negócio. É preciso honrar o compromisso do seu colaborador com a sua empresa, tratar essa pessoa com admiração e desenvolvê-la para que, se tudo der certo, ela seja ainda melhor que você. Faço questão de dar perspectiva para que minhas colaboradoras sejam protagonistas das suas carreiras.

CADA ROSTO É UM UNIVERSO

Tem uma frase muito curiosa do meu pai que o ouvi citar muitas vezes: *"Do rosto dos outros não se fala"*. Um dia, cheguei triste do colégio porque um amigo comentou que minha testa era grande. Antes disso, nunca tinha percebido, acho que jamais tinha nem parado para observar. Contei para o meu pai e ele respondeu que não tinha nada errado e, principalmente, não importava o seu tamanho: se eu me sentia confortável, estava tudo bem. Ele continuou conversando comigo e disse essa frase, que nunca mais esqueci. Talvez você não tenha percebido, mas essa é uma lição sobre autoconhecimento. Não importa o que os outros digam, o importante é o que você pensa sobre si mesmo.

Curiosamente, acabei trabalhando em uma área em que preciso falar sobre o rosto dos outros. É exatamente esse o meu papel em uma consulta. Se uma pessoa só me procura porque está incomodada com o nariz, por exemplo, tenho a obrigação de avaliar o rosto dela como um todo e indicar o que mais poderia melhorar de acordo com a minha capacidade técnica. Faço isso porque se a paciente vai, no dia seguinte, a outro profissional que aponta diversos pontos de melhoria, ela vai achar que a minha consulta não valeu a pena, que não entreguei um trabalho completo. A verdade é que as pessoas não pagam apenas pelo serviço de injetar o produto, elas pagam para receber soluções. Por isso, às vezes, a paciente que reclama do tamanho do nariz, na verdade, precisa de mais projeção no queixo.

Nesse momento da consulta, sempre tenho meu pai em mente, e trago essas informações de uma forma que não pareça estar apontando mais um defeito. Explico para a paciente que ela pode começar pelo que mais a incomoda e que não é necessário fazer tudo de uma vez, apenas ter o conhecimento sobre as coisas que podem ser melhoradas. Depois, ela decide se quer seguir com o indicado, sem se sentir desconfortável pensando que quero apenas vender mais. Não admito que nenhuma paciente saia do meu consultório se sentindo pior do que entrou. Isso infelizmente acontece em clínicas onde as avaliadoras não têm essa sensibilidade ou possuem metas agressivas de venda. Veja como as coisas se encaixam.

Outra coisa que sempre digo: a nossa maca é um divã. Os atendimentos sempre acontecem em duas fases: consulta e procedimento, que correspondem aos dois espaços da minha sala. O primeiro passo na sala de consulta é ouvir a paciente e entender suas queixas. Nesse momento, temos que ter ouvidos bem atentos para perceber sinais de reclamações maiores, feridas na autoestima. Algumas não podem ser curadas por nós. Mas acredito que o simples fato da paciente me procurar já seja um passo em direção à cura.

Ao contrário do que muitas pessoas pensam, o público de procedimentos estéticos não é só de mulheres mais velhas, com rugas, mas também de jovens, que querem se sentir mais belas. Geralmente, na consulta, converso bastante com minhas pacientes, porque é importante explicar tudo o que vai acontecer no procedimento. Acredito que o meu ponto forte é o planejamento individualizado. Olhar para cada rosto e em uma fração de segundo entender o que ele precisa é algo muito difícil para alguns profissionais, mas como tudo na vida é algo que se pode aprender.

Quando saímos da sala de consulta para a de procedimento, a paciente deita no divã e se abre. Se ela quiser falar sobre a avó, o gato, o filho, o trabalho, qualquer coisa, é o momento dela. É quando me conecto muito com o ser humano que está ali, entendo suas angústias, desejos, questões de autoestima que vão para além daquela intervenção. Faço questão de que todo mundo que atende pacientes na clínica preste atenção nessas conversas e até anote acontecimentos relevantes da vida da paciente no prontuário. Quando uma paciente que estava com a mãe doente na última visita retorna, pergunto: "E como está sua mãe? Ela melhorou?". Assim, a paciente se sente ouvida, próxima e conectada. É uma forma de agregar valor ao atendimento. Uma das coisas que valorizamos é fazer a paciente se sentir confortável e acolhida. Ela pode falar o que quiser, precisa se sentir a pessoa mais importante naquele momento, porque estou 100% ali para atendê-la. Temos um padrão de perguntas durante o procedimento para que tenham total autonomia para decidir a forma como gostariam de se ver. Muitos pacientes comentam: "Nossa, faço Botox há tanto tempo e nunca me perguntaram isso tudo." E respondo: "Isso é selo Bel Guerra de qualidade!". Algo que faz tanta diferença, mas que muitas vezes os profissionais esquecem por conta da rotina corrida. Por isso, é necessário estar no aqui e agora. Se temos nossa mente acelerada, não conseguimos prestar o melhor atendimento. Quando estou atendendo não consigo pensar em mais nada além de ser a melhor que puder.

No fim deste livro também vou dar algumas dicas do pote de ouro para fidelizar suas pacientes.

Por isso acredito que *cada rosto é um universo*. Essa frase surgiu de forma espontânea em uma resposta que dei em uma "Segunda da pergunta" no Instagram – quadro que faço diariamente há cinco anos. Ela se tornou um marco para todas as nossas operações e representa a individualização, a prática de criar um protocolo para cada paciente, considerando anatomia, indicação, budget e também os desejos da paciente, algo que defendo fortemente. Essa frase é especialmente relevante na clínica, onde lidamos com pacientes com receio de procedimentos estéticos que possam resultar em um rosto estereotipado. Sempre transmito a mensagem de que não precisam ter medo, pois vou trabalhar e me empenhar muito para realçar a beleza única de cada pessoa, sem seguir regras preestabelecidas – o seu protocolo será seu e de ninguém mais. Não quero um portfólio de pacientes com a mesma "cara". Não quero transformá-las em cópias feitas em uma fábrica de pré-moldados.

Conforme fui fazendo muitos cursos e tendo mais experiência nos atendimentos, comecei a desenvolver técnicas próprias que tiveram bastante aceitação. Uma delas é a técnica BelLips, que foi criada com o intuito de fazer lábios super naturais. Eu não estava satisfeita com as técnicas que aprendia, por isso resolvi criar a minha própria.

Testei e validei por meses, e só depois que estava 100% satisfeita, patenteamos e, enfim, passei a ensinar para as minhas alunas. A segunda é a técnica 3M, que significa malar, mento e mandíbula. Quando fazemos o preenchimento nessas regiões, conseguimos promover um efeito de afinamento e alongamento da face, melhorando o contorno do rosto e disfarçando a papada. Essa técnica é muito amada pelas minhas pacientes, principalmente pelas alunas licenciadas.

Na clínica, oferecemos todos os procedimentos estéticos que uma paciente precisa, como Botox, preenchimentos, estimuladores de colágeno, peelings, fios de sustentação e Ultraformer, além de tratamentos capilares, pois a Gabi é especialista em tricologia. Oferecemos ainda tratamentos corporais para flacidez de abdome, por exemplo (muitas pacientes são mamães e sofrem com isso), ou aumento de glúteos – temos uma parceira nutricionista –, por isso a nossa cartela é bem completa! Esses procedimentos foram fundamentais para meu crescimento profissional, afinal me tornaram reconhecida na minha área. Mas isso todo mundo pode fazer. Um ponto de virada de chave foi a nossa preocupação com a experiência da paciente, algo que pouco se falava há algum tempo.

Durante a obra da clínica, fizemos questão de trabalhar o branding - aquela identidade visual que não fica somente no seu perfil do instagram, mas em todo o seu espaço físico. Pensamos em todos os detalhes, do piso ao teto. Buscamos trabalhar os cinco sentidos – tato, olfato, audição, paladar e visão. Quando você entra na clínica, vai ser dominada por um cheiro incrível e um ambien-

Capuccino das anjas, nossa papelaria

te completamente lindo. Vai receber um delicioso menu para escolher uma bebida enquanto ouve nossa playlist exclusiva. Ou pelo menos era exclusiva, até este livro. Vamos colocar o link do Spotify para você acessar também. O tato fica por conta do toque. Fazemos questão de sorrir, abraçar e segurar a mão das pacientes durante o procedimento. Damos ursinho e coberta para se aconchegarem na maca. Passamos óleo essencial nas mãos, colocamos um massageador e no fim ainda entregamos um presente e uma papelaria incrível com todos os cuidados pós-procedimento. Fazemos questão de mandar mensagens algum tempo depois para saber como a paciente está.

Desde que me mudei para os Estados Unidos, tenho enviado um cartão postal para as minhas pacientes para lembrá-las de agendar seu horário. Somos especialistas em criatividade na hora de receber bem uma paciente. Antes de vir embora, também enviei um buquê de flores na casa das minhas pacientes mais fiéis, elas ficaram apaixonadas!

A clínica foi cuidadosamente planejada em cada detalhe.

Há três espaços: a recepção, toda cor-de-rosa, a cor do amor, que irradia aconchego. Trabalhamos bastante o branding, transmitindo a sensação de acolhimento, delicadeza, amor e paixão. Temos uma identidade visual forte, reforçada em vários detalhes, como flores, além de um sofá redondo que se tornou um local "instagramável" para fotos. Também criamos uma copa toda cor-de-rosa com xícaras diferentes, o que se tornou uma marca registrada da clínica.

Recepção da Clínica mais linda de São Paulo

Desenvolvemos uma linha de cosméticos temáticos para nossas pacientes com produtos coloridos. Pensamos muito na experiência e nos detalhes para reforçar a marca. Sempre quisemos que a clínica não fosse apenas mais uma clínica estética, mas que fosse realmente diferenciada, um lugar mágico, onde a paciente vai para se cuidar, ser cuidada e sair renovada. Desejamos que as clientes possam levar essa experiência para casa. Pensando nisso, fizemos uma linha com três cosméticos para que possam continuar se cuidando, são eles: Sérum Botox like, Sérum estimulador de colágeno e Sérum long lasting A.H. (ácido hialurônico).

Ao entrar nas salas de atendimento, saímos de um ambiente rosa e entramos em outro, onde tudo é azul, remetendo ao céu. O objetivo transmitir a sensação de estar nas nuvens, em um momento de relaxamento e autocuidado. Escolhi o azul também para que a clínica não ficasse com uma aparência excessivamente feminina. Afinal, autoestima é para todo mundo, temos muitos pacientes homens.

O que considero mais interessante é que, ao longo do tempo, recebemos comentários que confirmam o que pensamos ao criar a clínica. Recentemente, um homem estava em minha sala e disse: "Quando estou aqui, parece que estou no céu". Fiquei surpresa com esse feedback, pois é exatamente o que tínhamos em mente durante a concepção. Tudo lá foi muito bem pensado, gostamos muito da ideia de ter uma razão para fazer as coisas.

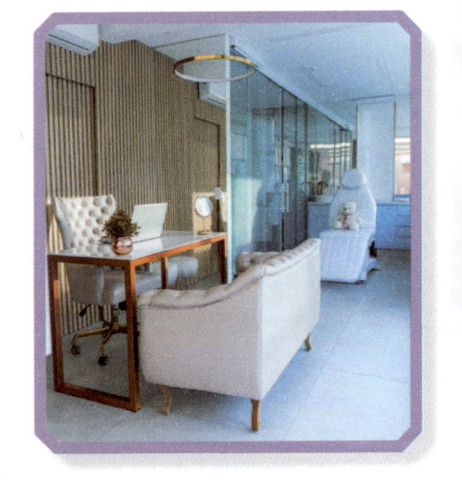

Costumo dizer para as minhas alunas que não basta todo o trabalho que temos para fazer tudo perfeito, também precisamos mostrar isso para o mundo! Caso contrário, você será só mais uma boa clínica escondida atrás de uma porta, sem ninguém te conhecer! Não poupei esforços de marketing para postar nossa experiência nas redes sociais. Nosso conteúdo é muito criativo e sob demanda! Me esforço muito para fazer coisas diferentes, para não ser igual a todo mundo, e para atender os pedidos das minhas seguidoras. Muitas alunas têm dificuldade nessa parte, mas, como sempre falo: não dá pra ser bom em algo que você faz pouco. Por isso, o mais importante é dar o primeiro passo. Acredito que uma das principais formas de trabalhar o pensamento fora da caixa é tendo repertório de vida! Ter curiosidade para aprender sobre outros nichos, buscar se influenciar por grandes empresários de outras áreas, viver e conversar com pessoas; tudo isso, alinhado a uma visão atenta, pode fazer a nossa mente borbulhar de idéias! O Lipe também me ajuda com várias ideias novas, ele é super criativo e todo a planta da clínica e da escola foi desenhada à mão por ele antes de virar um projeto arquitetônico. Todos os dias quando ele saía do trabalho, ia para a clínica e ficava conosco até a noite. O Lipe cuida de muito mais coisas do que apenas dos nossos números.

Por conta da performance dos conteúdos nas redes sociais, com o tempo, veio a demanda por cursos. As pessoas começaram a me pedir para ensinar as técnicas que eu utilizava, pois admiravam meus resultados e a maneira como explicava de forma acessível. Assim, comecei a oferecer cursos, inicialmente de forma despretensiosa, mas atendendo às solicitações dos interessados.

NASCE A ESCOLA DA BEL

Quando alugamos a sala comercial para criar a clínica mais linda de São Paulo, imediatamente pensei em uma sala de aula. Até então, eu só ministrava cursos VIP para uma pessoa. Decidi então oferecer cursos para turmas. Dividimos o espaço: uma parte para a clínica e outra para a escola. Assim surgiu a Escola da Bel. A primeira sala de cursos era pequena e cabiam dez alunas. Escolhemos a cor verde para pintar as paredes, pois remete à esperança de uma carreira promissora.

    O diferencial da nossa escola, além de fornecer resultados e ensino científico, é proporcionar uma experiência imersiva para as alunas. O ambiente é cheio de detalhes que fazem nossas estudantes se sentirem especiais. Por exemplo, quando as alunas chegam, recebem uma cartinha dos seus familiares, mostrando nossa preocupação com o caminho individual de cada uma, algo que as emociona bastante. Entregamos um kit do aluno que, além de lindo, é especial: uma pulseirinha do pote de ouro, que elas podem amarrar no punho e fazer um pedido! O espaço também é muito "instagramável", criando um ambiente dos sonhos. Primeiro o corredor, que chamamos de portal mágico, e depois a sala arco-íris. Na porta um detalhe, a frase "*Busque seu pote de ouro*", nossa marca registrada. Nosso certificado é lindo e possui um selo de qualidade. Buscamos agradar com as músicas das playlists favoritas de cada uma. Durante o dia, vestidas com uma roupa temática, as anjas servem pipoca. No fim do curso, as estudantes tiram foto com beca e celebramos com champanhe e damos muita risada, viramos amigas acima de tudo. Essa abordagem vai além do que se espera de um curso, e as alunas apreciam o ambiente, desejando retornar sem considerar outras opções. Não à toa, nossa lista de espera era enorme. Pensando nisso, alugamos mais uma sala ao lado da original apenas três meses após a inauguração. Assim, aumentamos nosso espaço e agora cabe o dobro de alunas por turma, diminuindo o tempo na lista de espera.

    Quando isso aconteceu, veio a segunda obra, mas quise-

Foto de uma das alunas de beca, com o certificado do selo de qualidade de BG

Material escolar da EDB

mos manter a identidade visual, por isso juntamos o rosa, o azul e o verde com outras duas cores que eu também gostava: amarelo e lilás. Foi quando a arquiteta disse: isso aqui vai virar um arco-íris. Amei a ideia e disse: "pode pintar o teto e os banheiros com as cores do arco-íris", e assim fizemos. Sempre defendemos a ideia do não importa o que você faça, tem que ter um porquê. Foi assim que comecei a pensar em justificativas maiores para o arco-íris. Daí surgiu a história do pote de ouro.

O que mais desejo, do fundo do coração, para as minhas alunas é o sucesso. Não importa o que isso signifique para elas. A nossa missão é formar profissionais bem-sucedidas e felizes. E o pote de ouro nada mais é do que encontrar essa felicidade. Nossa promessa é que isso vai acontecer depois de passar pela jornada arco-íris.

Nossa missão é trazer um curso tecnicamente perfeito para que nossas alunas saiam com segurança, formar profissionais que são bons seres humanos e desenvolvê-las em todos os sentidos. Também queremos fazer a diferença em suas vidas para que se lembrem desse marco para sempre, por isso oferecemos uma experiência que não encontram em nenhum outro lugar. Nosso objetivo é ser a escola de estética mais completa do Brasil e nossos valores são ética, horizontalidade e ciência. Aqui na EDB, todos entramos para aprender.

Valorizamos muito os feedbacks das alunas, tanto positi-

Sala arco íris

vos quanto negativos. Eles são anônimos, por isso elas podem escrever tudo sem medo de serem punidas. Procuramos implementar melhorias com base nesses retornos. Por exemplo, uma vez uma aluna sugeriu que tivesse refrigerante no café da manhã. Não demorou muito, ela retornou para outro curso na EDB e encontrou a bebida na mesa de café. Toda feliz, comentou conosco que essa sugestão era dela. É gratificante quando as alunas percebem essas mudanças e nos dão retornos positivos. Esse foi apenas um exemplo de outras milhares de adaptações feitas para que elas se sintam em casa.

Prestamos atenção em cada detalhe e um cuidado especial é destinado às pacientes-modelo. No contexto da escola, cada uma delas desempenha um papel fundamental, pois permite que as alunas pratiquem e aprendam a técnica. Sem elas não conseguiríamos oferecer os cursos.

Esse é um diferencial importante, já que em outras clínicas as pacientes-modelo costumam receber um tratamento inferior, pois pagam apenas metade do valor do procedimento. Na nossa escola, sempre tivemos o diferencial de trata-las como qualquer outra paciente. Damos todo o suporte necessário, utilizamos produtos de qualidade e valorizamos as modelos, criando uma experiência inesquecível também para elas. Além disso, oferecemos mimos e conversamos bastante antes do procedimento para que se sintam seguras. O atendimento das nossas modelos é realizado com muita qualidade; acredito que esse foi um dos elementos responsáveis por fazer a escola crescer tanto. Todas ficam satisfeitas, indicam outras pessoas e por isso a escola sempre tem muita procura. As alunas conseguem praticar mais do que em outros cursos e assim também nos diferenciamos. É um ciclo que se fecha através do cuidado. Esse nível de fidelização é algo que valorizamos e trabalhamos para manter.

Temos uma esteira de produtos muito completa. Isso significa que oferecemos cursos para pessoas em diferentes momentos da carreira, para todos os bolsos e para que todas as alunas possam participar da escola. Com o tempo, as alunas já haviam feito todos os cursos técnicos e começaram a perguntar como precificar seus serviços, como empreender, como exercer uma boa liderança, como usar o Instagram para vender mais. Daí surgiu a demanda por mentoria.

Além dos cursos presenciais, também há uma plataforma on-line que desenvolvi quando me mudei para o exterior. Como não posso oferecer mais cursos presenciais, essa interface se tornou uma parte essencial da escola. Embora as alunas não possam praticar nesses cursos virtuais, oferecemos novamente uma solução: os dias de prática são opcionais e você pode agendar à parte comigo quando estou no Brasil. Dessa forma, nossa escola se tornou híbrida, permitindo que as alunas escolham entre aulas on-line ou presenciais, adaptando-se à globalização. As dúvidas e interações das estudantes acontecem nos comentários abaixo de cada aula, os quais respondo diariamente.

Com a carteira de cursos, desenvolvemos um plano de

Essa é a EDB on line

carreira para as nossas alunas, desde o período da faculdade até a formação completa. Oferecemos diferentes cursos em cada etapa da carreira, como o de limpeza de pele, durante a graduação, com um preço acessível; o de Botox; até o congresso BG, do qual vamos falar bastante no próximo capítulo. Quando as alunas ganham mais experiência, podem fazer o curso 3M, que é mais avançado, e, por fim, a mentoria, nível mais alto de suporte.

Além dos cursos, também disponibilizamos uma biblioteca on-line de artigos científicos dentro da plataforma, criada para suprir a dificuldade de nossas alunas de encontrar esses arquivos. Muitos estão bloqueados ou são pagos, e muitas pessoas não sabem como pesquisá-los ou utilizar as ferramentas adequadas. Valorizamos o embasamento científico como um dos princípios fundamentais do nosso trabalho. Não nos limitamos apenas a ser uma fonte de entretenimento no Instagram, mas buscamos a fidelidade à ciência e às técnicas. Contamos com três redatoras dedicadas que procuram, sintetizam e disponibilizam os resumos na plataforma, acompanhados de um áudio explicativo. Isso representa uma verdadeira inovação para quem é aluna na Escola da Bel.

Atualmente, temos dezoito cursos em nossa escola, mas estamos planejando lançar outros até o fim do ano, totalizando cerca de vinte. No vídeo contido no QR Code acima está explicada toda a esteira de cursos. Com o tempo, fomos ampliando o portfólio, inclusive chamando alunas que tinham especializações interessantes para a escola. Atualmente temos professoras convidadas na EDB que são minhas ex-alunas e autoridades em determinado tema. Essa foi uma solução para aumentar nosso portfólio de cursos com especialistas no assunto, pessoas em quem confio muito. É um prazer oferecer essa oportunidade para quem já fez as formações comigo; sinto como se estivesse retribuindo a confiança depositada em mim.

Também chamamos as ex-alunas para serem monitoras. O que significa ser monitora? Elas vêm no dia do curso para ajudar, auxiliam a tirar dúvidas e a organizar a prática; as alunas acham isso muito legal. Um dia estão aqui como estudantes e no outro como ajudantes, é como um cargo de confiança. Elas ficam superfelizes por receberem esse convite de estar na Escola da Bel como monitoras.

Quando o negócio cresce, o show não é mais de uma estrela apenas. A partir de agora, várias estrelas brilham juntas no palco. Acredito que essa é a habilidade mais valiosa que você, como dona de negócio e líder: ter a capacidade de formar sucessores que sejam tão bons ou até melhores que você. Fazer esse investimento em pessoas competentes como as

Foto tradicional após a conclusão de cada curso

anjas me deu a liberdade de mudar para Nova York quando meu marido foi transferido. Assim como ele sempre apoiou meus sonhos, pude apoiar os dele. E as clínicas seguiram operando com toda a qualidade.

No caminho do seu pote de ouro sempre existirão pessoas, faça tudo o que puder para que você seja um agente de transformação positiva na vida delas. Você só tem a ganhar.

O SELO DE QUALIDADE BEL GUERRA

A Mentoria BG, que inicialmente era a mentoria Bel Guerra, hoje representa não só as iniciais do meu nome, mas os termos "business and growth" (negócios e crescimento em inglês). A mentoria é o último degrau na esteira de cursos da Escola, e tem duração de seis meses. Durante esse período, acompanho as alunas em cada etapa de seus negócios, abordando temas como gestão financeira, Instagram, experiências na clínica, liderança de equipe, remuneração e precificação, além de estratégias de captação de pacientes. Como eu já mudei de cidade e comecei do zero, sei muito bem como fazer isso. Muitas alunas acham que morar em cidade grande é mais difícil para captar pacientes, outras acham que em cidade pequena é mais difícil. Eu já estive nos dois cenários e sei que difícil mesmo é começar sem ter nenhuma instrução e descobrir o caminho sozinha!

A mentoria é um processo em que compartilho meu conhecimento e experiência com minhas alunas, ajudando-as a desenvolver o seu empreendimento. Buscamos expandir suas mentes, pois percebemos que, ao iniciar na área, muitas acreditam que ser uma profissional competente em termos de técnica e resultados é suficiente para ter uma clínica em crescimento. A grande questão é que existem milhares de injetoras muito talentosas que não conseguem fazer um negócio decolar, porque boa parte do segredo para se destacar e se tornar líder de mercado depende de diversos fatores.

O principal objetivo da mentoria é ensinar como ir além do dia a dia de cada procedimento, enxergar todas as áreas do seu negócio e o que fazer para crescer cada uma delas. Ministro aulas para orientar as alunas sobre como se posicionar, trabalhar com redes sociais, ser uma líder melhor, gerenciar colaboradores, e o Lipe ministra a parte de gestão financeira – que é muito importante, porque muitos profissionais têm uma boa quantidade de vendas, mas não veem o dinheiro entrando em suas contas. Queremos criar em nossas alunas uma visão empreendedora, mostrando todo o ecossistema da clínica e da escola. Isso amplia muito o escopo delas sobre negócios, criando uma mentalidade próspera e mostrando coisas que não conseguiam ver antes. Também abordamos estratégias de vendas e parcerias, e tudo o que precisam saber para se tornarem empresárias de sucesso.

Durante a mentoria realizamos reuniões tanto em grupo quanto individuais para acompanhar o desenvolvimento das alunas. Ao longo dos meses, histórias lindas aparecem e muitos feedbacks transformadores chegam para nós. Hoje em dia, está *na moda* dar mentoria, mas faço isso há três anos. Antigamente minhas mentorias eram apenas individuais, mas, agora, o formato em grupo tem se mostrado muito mais eficaz para as alunas. Por estarem na mesma situação, se ajudam muito, criando um ambiente de muito crescimento. Temos vários cases de sucesso. Por ser um curso no qual dou muita atenção para cada aluna, não consigo oferecer esse serviço o tempo todo; por isso, abrimos a mentoria periodicamente. Ela tem uma lista de espera longa e vagas limitadas. Há um processo seletivo para participar, afinal é necessário estar no momento certo da carreira para que possamos ajudar quem pode ser realmente beneficiado. Algumas alunas ainda não estão prontas para a mentoria, e direcionamos essas alunas para os outros cursos da escola. Selecionamos cada uma cuidadosamente para avaliar seu comprometimento.

Na primeira turma tivemos 26 alunas, e foram tantos cases de sucesso, que na segunda tivemos mais que o triplo, totalizando 85 alunas. No fim da mentoria temos um encontro para fazer networking e documentar esses cases de sucesso. Todos os dias dou suporte para essas alunas, temos grupos no WhatsApp, um Instagram privado, fora o livre acesso a todos os cursos da EDB na plataforma on-line. Me sinto muito responsável por essas empresárias, abençoo seus sonhos e torço, verdadeiramente, para que sejam bem-sucedidas.

Encontro das alunas da mentoria no Terraço Itália

CAPÍTULO 6

O pote de ouro

NASCE O ARCO-ÍRIS

Existe um ditado em inglês: "You get what you give", isso significa "você recebe o que você oferece". E esse ditado diz muito sobre a EDB.

Depois que a escola começou a funcionar, rapidamente as vagas do ano de 2022 inteiro se esgotaram, e passamos a trabalhar com uma lista de espera de aproximadamente 2 mil alunas. Essas estudantes vêm de todo o Brasil, desde o Rio Grande do Sul até Amazonas, abrangendo todas as regiões do país. Também já tivemos alunas de outros países, como Portugal, Moçambique, Argentina, Uruguai e Estados Unidos.

Com a lista de espera aumentando e a escola crescendo, precisávamos mais uma vez procurar uma solução. Daí veio a ideia de fazer um evento. O objetivo inicial foi fazer um evento 100% demonstrativo em que eu pudesse entregar todas as minhas técnicas. Além disso, pensei que seria uma excelente oportunidade para que as alunas se encontrassem, fizessem networking e se atualizassem. Quando tive a ideia, a primeira coisa que fiz foi mandar uma mensagem para o Lipe. Eu já enviei o escopo do projeto inteiro: nome, valor do ingresso, local, temas, tudo. Pensei em tudo isso em uma fração de segundo, quando estava deitada na cama, antes de dormir. Então não consegui mais pegar no sono, abri o bloco de notas do meu celular e anotei tudo que vinha à mente. Assim nasceu o Bel Guerra Experience, o meu primeiro grande evento.

Entretanto, nenhuma boa ideia vale a pena se não for executada. Mudamos um pouco o plano inicial, o de demonstrar apenas as minhas técnicas, e resolvemos convidar outros palestrantes, as maiores referências da área. O primeiro congresso foi absolutamente incrível, tivemos seiscentas alunas de todos os lugares do Brasil. Dois meses antes do evento acontecer, as vagas estavam esgotadas e muita gente ficou de fora. O nosso maior diferencial foi entregar muito mais que um congresso, e sim um evento sensorial e imersivo, em que tudo fosse lembrado para sempre. Tivemos um vídeo emocionante no início, músicas para as modelos entrarem no palco dançando, afinal, todas as palestras tinham procedimentos feitos ao vivo. Entregamos brindes lindos, tivemos espaços "instagramáveis", sorteios animados, premiação de melhores do ano, tudo o que nenhum outro congresso oferece.

No final, aconteceu um talking show especial sobre vendas com duas grandes influenciadoras.

Para a segunda edição, a temática escolhida foi Big Apple, por causa de Nova York. A cidade é conhecida como a "Grande Maçã" devido à história de comerciantes da Times Square que vendiam maçãs, colocando as melhores e mais brilhantes no topo das cestas para atrair mais clientes. Portanto, esse tema foi trazido para o evento como uma forma de incentivar as participantes a se destacarem e se tornarem as próximas "Grandes Maçãs". Essa estratégia de branding tem sido bem recebida pelas alunas, que se identificam com a ideia. Uma característica muito legal do meu público é que são pessoas empolgadas; tudo que invento sempre é muito bem recebido, e a expectativa cresce junto comigo.

Atualmente, morando em Nova York, estamos organizando o Congresso à distância. As pessoas nos perguntam muito sobre a organização do evento, e é complicado responder porque, apesar de ser um evento de grande porte, o Felipe e eu somos os responsáveis por organizar 100% da operação, desde o início até o fim.

Para realizar um evento, levamos em torno de seis meses. Primeiramente, é necessário entrar em contato com hotéis e escolher um, pois é um local caro. Alguns chegam a cobrar até 400 mil reais pela operação. Portanto, fazemos orçamentos em diferentes lugares, levando em consideração o tamanho e a localização. São Paulo é uma cidade perigosa, por isso é importante escolher um lugar seguro para que as alunas se sintam protegidas para ir e vir, e fiquem confortáveis enquanto estão participando do congresso.

Existe toda a parte estrutural e técnica, que é muito importante. Precisamos definir os temas das palestras de acordo com o interesse das alunas, entrar em contato com os palestrantes para definir data e horário, pois, com frequência, eles têm agendas difíceis de conciliar. Feito isso, precisamos fornecer o template dos slides; assinar contratos; organizar a logística de viagem, incluindo a compra das passagens aéreas e hospedagem; planejar a lista de materiais e pacientes-modelo para todas. Para garantir que tudo seja feito, criamos um checklist com todas as tarefas necessárias.

A organização do evento também envolve o marketing. Começamos pelo site, preparando todo o texto do conteúdo, incluindo sugestões de hotel, aeroporto, ônibus e metrô para facilitar a vida das alunas. Buscamos soluções e negociamos os valores das diárias nos hotéis, para que não tenham nenhuma dificuldade na hora de adquirir um produto da escola. Essa assessoria é oferecida não apenas no evento, mas também nos cursos presenciais. No PDF dos cursos trazemos dicas de restaurantes próximos, padarias e bares, academia, oferecendo um suporte completo.

Além disso, cuidamos do coffee break e de cada pequeno detalhe da cenografia. Não queremos apenas um palco e cadeiras, mas sim uma completa experiência sensorial e imersiva, como eu disse. Para este ano, utilizamos elementos como táxis, uma estátua viva vestida de Estátua da Liberdade, a ponte do Brooklyn representando uma ponte para o conhecimento e a Times Square representando a vida em movimento. Também cuidamos do aspecto audiovisual, garantindo que todos consigam assistir às palestras com qualidade. Para isso, alugamos painéis de LED gigantes – tamanho cinema – e fazemos transmissão em tempo real. Precisamos tirar um alvará específico, contratar seguro, brigada de incêndios, seguranças, ambulâncias, geradores, cadeiras, internet, lavatórios portáteis, DJ, sistemas de credenciamento, certificados, brindes, é muita coisa!

No ano passado tivemos que procurar expositores para os stands e para convidá-los enviamos um PDF com informações sobre o local, palestrantes e temas; conseguimos dez parceiros no total. Neste ano, foi o contrário, grandes empresas do Brasil agendaram reuniões comigo para participar. Elas vieram até nós devido ao sucesso do evento anterior, quando muitas pessoas me conheceram. Agora, além de expositores, também temos patrocinadores. O sucesso nos garantiu muita credibilidade e fez com que tivéssemos 2.500 inscritos na segunda edição.

Um ponto essencial para você permanecer em constante crescimento é receber feedback dos participantes, não se ofender com críticas e se empenhar em evitar os mesmos erros no próximo ano. Quando você reúne um grande número de pessoas, é um desafio controlar tudo.

Me preocupei este ano em trazer experiências de aprendizado que poucas pessoas têm em começo de carreira, porque são caras e muitas vezes indisponíveis no Brasil. Acho que esse é o diferencial do nosso congresso em relação aos cursos – no congresso as pessoas vão para ver inovação, o que existe de mais interessante no momento na nossa área de harmonização estética.

Realizamos inclusive uma demonstração inédita no Brasil que pode parecer estranha para muitas pessoas, mas para os profissionais da área de injetáveis é uma das melhores formas de estudo: trabalhar com dissecação de cadáveres. Não apenas para a análise da anatomia, mas também para a realização de procedimentos estéticos, pois é possível aplicar Botox, preenchimentos e, em seguida, realizar a dissecação.

Qual é o objetivo disso? Observar onde o produto foi aplicado. Afinal, em um paciente vivo não é possível fazer um procedimento estético e depois abrir o rosto para ver o resultado. No Brasil, existe uma lei que impede o trabalho em cadáveres recém-falecidos, ou seja, só é permitido trabalhar em cadáveres conservados. Assim, quando uma pessoa morre, ela é encaminhada ao IML e há toda uma burocracia lenta envolvida. Apenas três meses depois é possível trabalhar nesse corpo. Isso é desvantajoso, pois, por mais conservado que esteja, o cadáver já apresenta sinais de edema exacerbado, e isso já difere do paciente em vida. Nos Estados Unidos, a legislação é diferente. Aqui, se uma pessoa faleceu ontem, ela já pode ser estudada hoje. Isso é uma grande vantagem, visto que a qualidade da pele e o resultado são exatamente iguais ao de um paciente vivo. Ele não está inchado, não está deformado, está exatamente como um paciente que atendo na maca, porém sem vida. Isso é um benefício dos Estados Unidos, por qual todos os profissionais no Brasil sonham em vir e realizar esse curso. Para aqueles que trabalham com harmonização facial, é o objetivo principal da carreira, mas também é um investimento significativo, pois chega a custar cerca de 50 mil reais, considerando a formação e as demais despesas.

Portanto, é algo que os profissionais não podem realizar no início de suas carreiras. Fiz esse curso pela primeira vez ano passado, quando vim para o exterior, e foi uma experiência incrível. Aprendi muito sobre anatomia, fui capaz de ver estruturas que antes conhecia apenas de forma teórica, como os músculos e as artérias. Agora, sei exatamente como eles são. Quando realizamos preenchimentos no cadáver e, em seguida, realizamos a dissecação, ficamos impressionados ao ver que o ácido hialurônico estava a apenas um milímetro de uma área de risco. É uma experiência mágica para um injetor.

Este ano tivemos essa experiência no BG: uma anatomista dissecando um cadáver fresco, um *spécimen*, direto dos Estados Unidos. O procedimento foi transmitido ao vivo no palco do BG, no Brasil, o que foi uma grande oportunidade de crescimento para as alunas. As estudantes ficaram extremamente felizes com a chance de conseguir um certificado internacional sem sair do país – e eu ainda mais por ver como foi bom para elas.

Mas, como o on-line ainda não supera o presencial, este ano lançamos o primeiro curso da Escola da Bel em Nova York. Em julho de 2024, vou receber quarenta alunas aqui para fazer essa formação dentro do laboratório de anatomia!

No final do BG, temos uma mesa redonda chamada "Talking Show", é a única palestra que não aborda harmonização facial, e sim o tema de vendas. Eu costumo dizer às alunas que não adianta aprender a fazer Botox se não souberem como vendê-lo. Se não conseguirem se comunicar e lidar com clientes, serão apenas mais uma profissional no anonimato dentro de suas salas. Por isso, trazemos essa palestra para que elas saiam dali dominando a técnica e também sabendo como vendê-la. Sempre chamamos grandes players do mercado para falar de marketing, empreendedorismo e relacionamento com o cliente. Acredito que todo o braço de educação do meu negócio se complementa. Uma pessoa pode entrar na escola, começar pequeno, com um curso de limpeza de pele e ir crescendo até passar pelo congresso e pela mentoria.

CAPÍTULO 7

Além do arco-íris

Às vezes fico pensando como a sequência de fatos na minha vida se encaixou direitinho! Se eu não tivesse ganhado aquele curso da minha mãe, será que nunca teria entrado no ramo da estética? Se eu não tivesse dado aula na faculdade, será que teria percebido o quanto gosto de ensinar? Se a minha irmã não tivesse conhecido o meu cunhado no cursinho, eu não teria ido na formatura dele, não teria conhecido o Lipe, mudado para São Paulo, e finalmente para Nova York? Não existiria BGex, não existiria mentoria, não existiria este livro? Não sei, mas não quero mais perder nem um segundo pensando em como seria a minha vida sem tudo isso.

O Lipe costuma dizer que tenho uma coragem que, na visão dele, beira a loucura! Acredito que é com determinação que as melhores coisas da vida acontecem. Percebo nitidamente que as melhores decisões que tomei foram nos momentos em que aceitei, com perseverança e competência, um desafio apresentado pela vida.

Em uma das conversas com o Lipe, no começo do namoro, ele me contou um dos seus sonhos, morar nos Estados Unidos. Ele até comentou que, pouco antes de me conhecer, tinha aplicado para uma vaga na empesa dele, mas não foi chamado. Ainda bem. Mais um "e se" que poderia nos afastar, mas a vida se encarregou de resolver para nós.

Pouco antes da pandemia, nós decidimos correr atrás desse sonho mais uma vez. Eu lembro de ter passado dias pesquisando formas de validar meu diploma para atuar nos Estados Unidos. Fiz até uma live sobre esse tema, e quem me segue há bastante tempo deve lembrar. Nessa época, o Lipe tentou de novo, e também não deu certo. Deixamos para lá.

Em 2022, abriu uma nova oportunidade de aplicação dentro da empresa. A vaga era específica para quem já estava há algum tempo trabalhando em uma determinada função. Então, claro, o Lipe aplicou novamente. Ele avançou na primeira etapa, e foi preciso vir para Nova York para uma entrevista. Vim junto dele, e me lembro que em certo momento nós entramos no metrô e, assim que olhei para a frente, vi o desenho de um arco-íris com um pote cheio de moedinhas de ouro. Aquilo significou muito para mim, foi como um sinal que daria certo. Cheguei a fazer um post sobre isso na época, e não é que estava certa? O Lipe foi aprovado e, em menos de quatro meses, nos mudamos.

Mudar de cidade é uma loucura. Meus avós fizeram isso, meus pais também e, é claro, que para honrar a minha genética, eu tinha que seguir o mesmo caminho. A gente finge costume, mas mudar de país é inédito. Pare por um minuto e imagine como seria a sua vida hoje se você mudasse de país. Difícil imaginar, né? Fiquei muito ansiosa por não saber como as coisas seriam aqui! Sou uma pessoa supertranquila, que se adapta muito bem às mudanças, por isso, quando o Lipe conversou comigo sobre a oportunidade de ser transferido, a minha reação foi animada. Eu já sabia que ali havia uma boa oportunidade para a carreira dele e para a minha.

Foi um processo demorado, muito burocrático e a parte mais difícil foi guardar segredo das nossas famílias, e também das pessoas que convivem conosco, até ter certeza de que essa mudança iria acontecer. Nós ficamos sabendo da notícia oficial pouco tempo antes do congresso do ano passado, mas não podíamos falar para ninguém, pois estávamos esperando a aprovação do visto. Esse era o motivo da minha ansiedade! Quando finalmente deu tudo certo, faltava menos de um mês para a mudança. Vendemos o nosso apartamento e quando demos a notícia para todo mundo, já estávamos com passagem comprada. Só de ida.

O momento da revelação foi um choque. Mas os meus pais e os do Lipe já haviam superado o ninho vazio quando saímos de casa. Para mim, o mais difícil foi contar para as anjas. Primeiro, elas choraram de soluçar. Depois percebi que elas ficaram bastante inseguras, com medo de que fosse o fim da clínica e da escola. Não tive esse temor porque já havia passado pela mesma situação com a Karol, quando me mudei para São Paulo. Esses medos foram embora quando elas perceberam que jamais tive a intenção de desistir da clínica ou da escola, que são tão importantes para a minha vida. Na verdade, aconteceu exatamente o contrário. Desde que mudei para cá, consegui dar muito mais atenção para os negócios do que quando morava no Brasil. Pelo simples fato de que saí do operacional e consigo ver minha empresa de longe, literalmente.

Dia que fomos embora para os Estados Unidos e esquiando na nere

No dia 14 de janeiro de 2023, pousamos em Nova York. Fizemos a mudança com sete malas. Chegamos em um momento de frio absurdo, fazia menos 20 graus, e tudo era muito diferente. O idioma não foi uma grande dificuldade, o Lipe é fluente e eu sou quase, se é que existe essa categoria. Mas faço aulas de inglês toda semana para melhorar minha pronúncia. Apesar do frio, da língua e da culinária totalmente diferentes, minha maior dificuldade foi não ter mais a rotina de acordar e ir para a clínica. Tive que desenvolver novos hábitos. Eu não desejava ficar parada ou ociosa de jeito nenhum, porque sei que isso me faz muito mal e não queria voltar a me sentir perdida. Essa minha preocupação foi em vão e, na verdade, às vezes parece que me falta tempo!

Diariamente acompanho tudo o que acontece nas duas empresas, liderando a gestão da clínica e da escola nesses times: marketing, financeiro, comercial, operacional, vendas, entre outros. Gosto de saber quais pacientes estão por lá, o que estão fazendo, como estão os resultados. Gosto de fazer todo o controle de qualidade dos posts, ler os feedbacks de quem esteve na clínica, confiro o fechamento financeiro etc. Quando temos cursos, gosto de entrar pelo Zoom para dar as boas-vindas às alunas, e confiro o checklist de tarefas das meninas para ver se tudo o que precisa ser feito antes de uma aula foi realizado.

Por falar em checklist, além dos times internos nos relacionamos com diversos comerciantes do bairro, como a Simone, da padaria, que prepara o coffee dos cursos; o Alberto, da gráfica, que imprime toda a nossa papelaria e o Alexandre, da contabilidade e RH. Além deles contarem totalmente com a nossa demanda para os seus comércios, acabam virando nossos pacientes. Temos também a Simone, que é nossa videomaker e ficou tão amiga, que, inclusive, participou da viagem de confraternização da clínica ano passado. Fomos todas juntas à praia em uma viagem superdivertida! Nossas pacientes e alunas já a conhecem, pois ela sempre está pela clínica e pela escola fazendo os vídeos incríveis que você assiste. Aliás, foi ela quem tirou a foto da capa deste livro.

Além de toda essa demanda presencial, também tem a virtual. Dou suporte para as alunas da mentoria e para as alunas da EDB on-line, que possuem milhares de dúvidas, diariamente. Organizei cada detalhe do BGExperience a distância. Crio conteúdos para o YouTube, Telegram e Instagram com meu próprio celular e com a ajuda do time de marketing. Organizei toda a produção deste livro com reuniões on-line. Quando acaba o trabalho, vamos à academia, fazemos o almoço e o jantar, cuidamos da casa: louça, lixo, roupa suja. Ou seja, tive medo de ficar ociosa, mas a verdade é que passo o dia todo trabalhando.

Algumas pessoas me perguntam como dou conta de tudo. E, para ser bem sincera, algumas vezes na vida eu sentia muita dor no trapézio – músculo na região cervical que fica contraído em momentos de muita tensão, resultando em dor local. Apesar de existir uma aplicação de toxina botulínica para resolver este problema, sabemos que isso é como tentar tapar o sol com a peneira. Se você já passou por isso, gostaria de te ajudar. O que vou te falar agora é muito simples e talvez você até já saiba, mas, assim como eu, sua ficha pode cair somente depois que ouvir outra pessoa dizer. Todo mundo tem as mesmas 24 horas. Todo mundo tem muitas tarefas. Se alguns dão conta, e outros não, o problema está em você! Eles certamente fazem algo que você ainda não faz. Sabe o que? Não procrastinam. Não passam o dia inteiro no Instagram. Em vez disso, eles realizam o que tem de ser feito, mesmo quando não querem. Então, se você se identificou com essa situação e deseja virar a chave da produtividade, apenas mate todas as suas pendências, zere toda a sua lista de tarefas, tire todos os post-its da sua mesa, responda todas as mensagens acumuladas, e nunca mais se deixe sobrecarregar de novo.

Comece pelas tarefas difíceis e nunca mais durma com tarefas incompletas.

Sei que isso parece te deixar ainda mais ansiosa. Quando recebi essa orientação, levei exatos cinco dias úteis para zerar todas as minhas pendências. A partir daí, passei a desmembrar todas as minhas grandes metas em pequenas tarefas, distribuí-las ao longo dos dias da minha semana, e sou extremamente fiel ao meu planejamento. Não me permito acumular mais nenhuma obrigação. Talvez você olhe para o restante da semana e fique ansioso com tudo o que precisa fazer. Então, aprenda mais uma lição: viva em compartimentos de dias incomunicáveis. Aprendi isso em *Como evitar preocupações e começar a viver*, de Dale Carnegie, e elejo esse como o livro que mais me ajudou em toda a minha vida.

No fim das contas, a mudança para Nova York foi muito boa para a empresa, para ter um negócio forte o suficiente para continuar sem a minha presença. Foi bom para o nosso casamento, pois aqui aproveitamos muito mais tempo juntos e a nossa própria companhia. Consigo ter mais tempo para o autocuidado: gosto de fazer aulas de yoga pelo YouTube, pratico meditação, escuto música e podcasts durante o dia, leio muito mais livros do que nos anos anteriores e durmo bem melhor. Foi bom para tudo. Foi um crescimento enorme para as anjas. Ainda não sabemos o que vai acontecer no futuro, há dias em que queremos voltar e outros não. Talvez no próximo livro você saiba.

Quando tomamos a decisão de vir embora, não ficamos inseguros e não tivemos problemas em deixar a clínica e a escola funcionando, porque confiamos no preparo da equipe inteira. As anjas são muito bem treinadas e têm o mesmo empenho que eu em fazer os negócios darem certo. Ainda assim, foi um momento de começar a estabelecer novos planos. Reservei duas datas para conseguir ir ao Brasil ao longo do ano, para atender minhas pacientes, dar cursos, realizar o congresso e o lançamento deste livro. Quando temos planejamento e organização, conseguimos uma visão macro do negócio.

Como você pode perceber, tudo no Brasil continua dando certo e crescendo mesmo com a minha distância. Então, neste momento, é hora de olhar para cá. Tenho uma assessoria de imigração que está viabilizando a validação do meu diploma para conseguir atuar aqui nos Estados Unidos também. Desde que me mudei, a minha mente abriu para um mundo de inovação quando o assunto é estética. Tenho a oportunidade de fazer muitos cursos aqui e vejo claramente a diferença entre o mercado brasileiro e americano. Aqui as coisas são mais desenvolvidas, existem mais pesquisas, produtos novos, mais respeito à ciência e à anatomia. Em contrapartida, existe um atraso em relação às redes sociais. Ninguém cria conteúdo tão bem quanto o brasileiro, mas agora vejo que isso acabou levando a uma inversão de valores muito grande e, atualmente, para alguns pacientes e profissionais ostentar itens de luxo vale mais que um ótimo currículo – isso não serve para o americano.

Aparentemente, os americanos só se preocupam com a sua própria vida e não ligam para o que os outros possuem ou estão fazendo. Apesar de serem consumistas, não precisam vangloriar suas conquistas para se autoafirmarem. Essa atitude é algo que gostamos bastante. Acredito que ao longo da minha vida, se tivesse ficado olhando para os outros, não teria construído tantas coisas. Por isso, gosto de orientar meus alunos para que sigam o mínimo possível de pessoas nas redes sociais, silenciem os stories de quem não agrega nada, usem o tempo para produzir e não para consumir. E se forem fazer isso, escolham bem as pessoas em quem se espelham, apenas se aproximem de quem realmente te inspira e que produza conteúdo útil.

No ano que vem, uma coisa é certa: vamos ter a primeira turma de curso da Escola da Bel aqui nos Estados Unidos. As alunas viajarão para outro continente para participar desse curso! Como sempre, queremos fornecer uma experiência completa e inesquecível, e é claro que daremos todo o suporte para visto, passagem, hospedagem, alimentação e turismo. Frequentemente temos relatos de alunas que viajaram de avião pela primeira vez para ir a algum curso da EDB. Agora fico imaginando aquelas que nunca saíram do Brasil, como vão estar ansiosas e empolgadas para viver tudo isso que temos a oferecer. Se tem algo que realmente me inspira e me motiva, é realizar os sonhos das minhas alunas. O curso de anatomia em Fresh Frozen é um divisor de águas na vida de todo injetor. A segurança que temos após participar desse curso é algo que nenhum livro ou aula online substitui; poder fornecer isso para as minhas alunas vai ser também um sonho meu realizado.

Recentemente atualizei meu currículo e me dei conta que já realizei mais de trinta cursos como aluna. Na minha sala em Dourados tenho uma parede linda com todos esses certificados pendurados, e me orgulho muito dela. Isso reforça uma frase que minha mãe me mandou quando estava escrevendo este livro: "O sucesso deixa pistas!". Eu costumo dizer que não dá para ser bom em algo que você faz pouco; por isso, fazer tantos cursos foi algo que realmente me tornou uma boa professora. Acredito que esse seja um dos motivos pelos quais os meus cursos são tão completos. Sei exatamente o que falta nos outros e ofereço para as minhas alunas o que elas não encontram em outro lugar. Empreender, basicamente, é encontrar a solução para um problema que existe, e então, vender a solução. Se você encontrar uma área com muitas respostas a serem exploradas, pode-se dizer que você encontrou um pote de ouro.

Quando surgiu a oportunidade de mudar para os Estados Unidos, senti que mais uma vez a vida apresentou um desafio, que, com parceria sólida – do Felipe, e das anjas – se tornou possível. Falo com com as Karóis, a Gabi, a Maju e a Nat todos os dias, e tenho plena confiança nelas tanto para atenderem as pacientes da clínica, como para darem aulas na escola. Karol e eu há muitos anos brincamos que temos o "Airdrop" ligado – a gente consegue se entender só com um olhar. E isso também serve para as outras anjas. A nossa relação se fortalece porque quero que elas cresçam junto com a clínica e a escola. Parece loucura abrir uma clínica e em seguida mudar de país – mas se você tem a oportunidade de expandir sua vida, seus horizontes, por que não?

Todos nós concordamos que o virtual não substitui a energia do presencial, mas ajuda bastante! Se eu não tivesse FaceTime para conversar com o Lipe durante os dois anos de namoro a distância, tudo teria sido mais difícil. Se não pudesse fazer consultas on-line para as minhas pacientes e se não tivesse a plataforma da EDB Online para continuar dando suporte e ensinando minhas alunas, não teria como conciliar a mudança e o trabalho. Acho tudo isso incrível!

Esse é o trabalho que fazemos pensando no futuro – e o futuro é justamente do que quero falar no próximo capítulo.

CAPÍTULO 8

O melhor ainda está por vir

TUDO COMEÇA COM UMA VIRADA DE CHAVE

Muito do que sou, e do que a clínica e a escola são, veio da minha família, das minhas influências e dos anos de curso. A verdade é que nenhuma dessas características teria se manifestado se eu não tivesse virado a chave da minha mente. Contei que durante a adolescência fiquei bem perdida. Desorientada em todos os sentidos: pessoal, profissional, físico, mental, emocional, espiritual. Não existia um único contexto em que poderia dizer que me sentia bem, feliz, confortável.

Assim como fiquei perdida, muita gente também fica, mas não faz nada, não busca ajuda. Desde que me comprometi comigo mesma a fazer só coisas que achava que me enriqueceriam mental e espiritualmente, minha vida prosperou. Decidi que melhorar estava em minhas mãos, mas não foi um processo rápido. Foi então que comecei a perceber que quando eu colocava intenção nas minhas metas, elas se concretizavam. Essa é a explicação da frase: "Aquilo que você focaliza se expande", de T. Harv Eker.

Fui olhando cada vez mais para o mundo, pensando em como poderia ser melhor para outras pessoas e não só para mim. Foi quando entendi que quando você se doa, Deus retribui com prosperidade. Minha mãe sempre nos incentivou a doar roupas, por isso quando comprávamos algo novo, tirávamos algo antigo do guarda-roupa e doávamos para alguém que precisava. Em 2017, uma amiga sugeriu: "Por que você não vende suas roupas para doar o valor arrecadado?". Gostei da ideia. Organizamos um bazar com tudo o que tínhamos, minha amiga era lojista e eu ganhava muita roupa das marcas parceiras. Em cerca de uma semana criamos um Instagram chamado "Garimpei Meu Closet", divulgamos a data e o horário do bazar, e muitas pessoas se interessaram. Quando chegou o dia, havia uma fila que se estendia até a esquina. Ao término, conseguimos quase 30 mil reais.

A satisfação de sentir que poderia ajudar alguém era algo incomparável para mim – na verdade, ainda é. Algum tempo depois do bazar, tive a oportunidade de ir à África, fazer trabalho social em Moçambique. Descobri que Cam-

Bazar de roupas

po Grande sediava uma das duas maiores ONGs do Brasil que fazem essa missão. A Fraternidade sem Fronteiras ficava justamente na rua da minha casa. Fui até lá, recebi todas as informações e entrei na lista de espera, que era muito grande. Quando chegou minha vez, eu estava na faculdade e avisei meus professores que teria que faltar por trinta dias. Como não era época de provas e eu não tinha muitas faltas, consegui passar de ano.

Como era uma viagem bastante diferente, eu estava muito ansiosa. Percebi logo de cara que o público da viagem era bem diferente das pessoas que eu costumava conviver, e isso abriu muito a minha mente. Tentei ao máximo aprender com elas, queria fazer amizade com todo mundo e viver aquela experiência que levaria para o resto da vida! Inclusive, uma das meninas é minha amiga até hoje, já gravamos podcast juntas e ela também virou minha paciente. O objetivo da missão para Moçambique era entregar itens de necessidade básica para crianças que moravam nas aldeias. Enquanto cada pessoa se preparava para a viagem, era preciso arrecadar doações para levar. Fiz postagens no Instagram e consegui muitas coisas, como 30 kg de fraldas, pasta e escovas de dente, absorventes e sabonetes. No aeroporto, devido à quantidade de bagagem para despachar, eu deveria pagar por quilo extra. Expliquei o motivo da viagem, a companhia aérea apoiou a causa e me isentou da taxa. Mais uma vez o universo retribuindo quando temos intenção de ajudar.

Quando chegamos em Moçambique foi um choque de realidade. Primeiro, porque nós esperávamos um cenário muito triste, mas fomos recebidos com muita festa na tribo, apresentações, músicas, muitos abraços e uma curiosidade enorme. As crianças nos observavam muito, olhavam nossas roupas, tocavam nossa pele, queriam pegar nossos

Chegada em Moçambique

celulares para ver como funcionavam. O idioma oficial é o português, por isso conseguimos nos comunicar sem problemas. São imagens das quais nunca vou me esquecer.

Ficávamos hospedados em um galpão, com colchões no chão e um mosquiteiro em cima para nos proteger dos insetos. Não tinha tomada, chuveiro elétrico e nem vaso sanitário. Como já comentei, me adapto a qualquer situação e sou muito tranquila, por isso nada disso era um problema para mim. Tinha comida, mas era pouca e totalmente diferente do que estávamos acostumados. A pior parte foi essa, não porque era ruim, mas sim porque as crianças queriam mais.

Para nós, monitores, tinha uma comida separada. Primeiro, servíamos as crianças como alimento destinado a elas. Elas têm direito a uma refeição por dia, de segunda a sexta. Sim, sábado e domingo não tem comida. Então, quando íamos comer a nossa refeição, elas ficavam sempre ao redor, querendo comer de novo, mas não podíamos dividir por razões sanitárias, muitas eram doentes, precisávamos ter cuidado. Era muito triste a sensação de que qualquer ajuda nossa ainda era pouca perto da realidade deles.

Durante os dias lá, acordávamos e íamos para uma aldeia onde existe uma espécie de escola, localizada embaixo de uma árvore, sob a qual as crianças se sentam no chão para aprender. Não existe cidade, rua ou bairro. É como uma área rural, onde as pessoas moram ao relento. Muitos não têm documentos, nem sabem quantos anos têm. Quando tem algo para comer, preparam o alimento com fogo que eles mesmos fazem. É uma situação que ninguém consegue imaginar se não estiver lá. Essas crianças são muito carentes, brincávamos com elas de manhã, ser-

Essas mulheres são as cozinheiras da ONG

víamos o almoço e, à tarde, distribuíamos as doações. Elas sempre ficavam muito felizes.

Depois disso, íamos para o acampamento. À noite, fazíamos uma roda de fogueira para interagir, contar histórias e trocar experiências que aconteceram naquele dia. Como sempre gostei de escrever como me sinto, levei um diário que guardo até hoje com todas as lições que aprendi. Todos os dias, chegava e escrevia algo.

Essa foi uma viagem transformadora, e a alegria das crianças em meio a dificuldade foi uma lição que não consigo esquecer. Elas só conheciam aquilo do mundo, por isso estavam satisfeitas. Elas não têm Instagram para se compararem a vidas perfeitas. Eram felizes do jeito delas: dançavam, pulavam, pediam colo, abraço, queriam o máximo de atenção possível. Ofereciam muito amor e carinho, adoravam tirar selfie, riam de olhar o próprio rosto nas fotos do celular. Eram muito fofas!

Essa época era exatamente a que eu estava acima do

peso durante a faculdade. Quando vi aquelas crianças com fome, passei a me questionar sobre o ódio que sentia por mim. Houve um momento na viagem que uma moçambicana elogiou o meu corpo porque eu parecia uma mulher saudável. E nesse momento vi como estava sendo mesquinha. Essa reflexão foi mais uma virada de chave. Comecei a ver a estética de outra forma. Antes era só sobre beleza, mas aí virou autocuidado. Me respeitar, me amar, fazer as pazes comigo mesma e amar o meu corpo que funciona perfeitamente e me leva a tantos lugares. Foi um caminho de limpeza e reconstrução da minha mente, passando pelos conteúdos que eu consumia, como usava meu tempo, meus recursos, com quem convivia.

Lições que escrevi no meu diário

"PORTANTO, NÃO SE PREOCUPEM COM O AMANHÃ, POIS O AMANHÃ TRARÁ AS SUAS PRÓPRIAS PREOCUPAÇÕES. BASTA A CADA DIA O SEU PRÓPRIO MAL."
MATEUS 6:34"

Uma viagem como essa gera muita curiosidade, por isso vou contar duas histórias inesquecíveis. Havia uma senhora em uma das aldeias que não tinha absolutamente nada, então perguntamos o que ela precisava. Ela se virou com toda a calma do mundo e disse que não precisava de nada. Eu esperava qualquer outra resposta, menos essa. Insistimos e ela pediu um pouco de carne para o dia seguinte. Como pode? Alguém que não tem roupa limpa, não tem um par de sapatos para calçar os pés, um fogão para cozinhar, um chuveiro, nada! Quantas coisas você considera "necessidade" hoje verdadeiramente são? E o quanto essas coisas te impedem de perceber quão abençoadas são as coisas triviais? Pense nisso!

Outra história diz respeito a quando encontrei uma senhorinha que estava muito velhinha e triste. Tirei um retrato dela (com consentimento, claro). Ela estava toda debilitada e, assim que bati a foto, eu disse: "Você é muito linda, sabia?". Ela abriu um sorrisão, e fotografei de novo. Fiz um "antes e depois do elogio. Era uma forma de viver a minha

Eu e a Ancha (sim, o nome dela parece anja!)

vocação, eu queria fazer as pessoas se sentirem melhores, mas não sabia como na época. O meu melhor daquele momento era oferecer um elogio. E, às vezes, isso basta para fazer o dia de alguém. Fico imaginando o quanto isso é real no nosso consultório... quantas pacientes precisam apenas ser ouvidas e acolhidas.

Passei quinze dias em Moçambique fazendo ação social, depois aproveitei que já tinha ido tão longe e passei dez dias na África do Sul a turismo. Ali realizei um dos maiores sonhos da minha vida, que também me reconectava com a minha essência: um safári. Consegui ver os "Big Five", o que é bem raro durante esse tipo de passeio! Sempre fui apaixonada por animais, desde criança. Em um dos meus aniversários pedi de presente para o meu pai uma assinatura do canal Animal Planet. Quando voltei de viagem e continuei buscando me reconectar comigo, decidi adotar a minha gatinha. Na minha família todos somos apaixonados por bichos. Já tivemos vários cachorrinhos que amei demais, inclusive a Kyara, que faleceu recentemente, durante minha mudança para Nova York. Também tivemos um canarinho chamado Pepsi sem Cola; várias espécies de peixes em um aquário lindo que eu cuidava com muito amor; pintinhos, hamster (o Presunto, que morreu quando fui dar banho nele) e dois coelhos. Hoje temos a Pandora, uma poodle ciumenta, que manda na casa toda, e a Ágata, minha gatinha preta de olhos verdes. Apesar de serem minhas, continuam morando (de favor) na casa dos meus pais. O que não é nada ruim, afinal, brinco que gostam mais delas do que de mim. Talvez essa tenha sido a parte preferida do livro para os meus pais!

Cada um com um bicho na mão

Para mim, o contato com animais é uma fonte de alegria, de nutrição emocional. Não só animais, mas a natureza como um todo. Eu amo me deitar no parque, amo praia, amo o sol, amo a chuva, amo a vida e todo esse universo lindo que Deus nos deu! Todo esse período de busca religiosa, livros e terapia mudou minha vida. No início do ano seguinte, conheci o Lipe. Precisei olhar para mim com amor e respeito para que alguém me olhasse da mesma forma. Desde então, continuei mudando muito e ele fez parte dessa mudança. O Lipe tem valores parecidos com os meus. Gosta muito de ajudar as pessoas, ama participar de ações sociais, já construiu casas na favela e recentemente participamos juntos de uma ação no dia das crianças, montando bicicletas para doação na comunidade. Espero que nenhuma delas tenha se machucado, era bem difícil apertar os parafusos!

ANTES DE SER UM BOM PROFISSIONAL, VOCÊ PRECISA SER UMA BOA PESSOA!

Muita gente me pergunta do futuro, especialmente depois da mudança para Nova York. Como vão ficar as clínicas? A escola? Para onde vai todo o ecossistema Bel Guerra? A única coisa que eu consigo responder, com toda a segurança do mundo, é: vai longe!

Em pouco tempo morando aqui já consigo entender o propósito de Deus com mais essa mudança. Nesse período, surgiram grandes ideias, grandes sonhos, que são trabalhados no silêncio dos bastidores, até que um dia sejam, de fato, realizados.

Todos os dias recebemos depoimentos de pacientes que olhavam no espelho e não se reconheciam. Mulheres que haviam perdido suas identidades, que se sentiam bem por dentro, mas o externo não refletia o mesmo. Conseguir transformar essas queixas de autoestima não é fácil. Não é só técnica, é uma missão! Fomos presenteadas por Deus com esse talento, precisamos retribuir tamanha benção, abençoando o próximo. Pintar de colorido uma vida que estava "preto e branco".

Também recebi feedbacks transformadores de alunas que passaram pela mentoria e se redescobriram, encontraram seu propósito, viraram a chave e literalmente acharam o pote de ouro! Recentemente recebi uma mensagem de uma profissional dizendo que seu maior sonho é fazer os cursos da EDB. Ela contou que começou a juntar dinheiro para a faculdade sendo catadora de latinha. Quando leio mensagens assim, meu coração pega fogo, arde em chamas de inspiração e fico muito motivada. Admiro demais essas pessoas. Penso o dia inteiro em formas de ajudar mais e mais. Inclusive, se você é a seguidora que me mandou essa mensagem, nós preparamos uma surpresa: quando ler esse parágrafo pode entrar em contato conosco, pois acabou de ganhar um curso!

Uma história que costumo contar nas minhas palestras é a da zebra do filme *Madagascar*. No filme, há uma zebrinha chamada Marty, e ele tem um amigo leão chamado Alex. No início do filme, Marty diz a Alex: "Estou cansado de ser apenas mais uma zebra, quero ser original, originalíssimo". Eles passam por diversas aventuras, mas, no fim, existe uma cena em que Alex procura Marty em meio à uma multidão de zebras. Ele tem dificuldade pois existem muitas iguais ali, todas são brancas com listras pretas. Até que em um momento o Alex avista o Marty e o reconhece porque ele é a única zebra preta com listras brancas. Ele era diferente mesmo em meio à multidão de iguais. Percebam que antes dele se diferenciar, ele colocou a intenção em ser original? A moral da história quando estou em cima do palco é: vejo uma multidão de zebras idênticas, mas quantas de vocês vão de fato se destacar em meio aos profissionais que fazem tudo igual? Quantas vão se tornar a zebra preta com listras brancas? Ou melhor, quantas vão transformar o preto e branco em colorido?

Ao longo dos anos, o número de pacientes procurando harmonização facial tem aumentado, assim como o de profissionais. Tenho uma certeza sobre o futuro: não vai ter espaço para profissionais ou clínicas medianas no mercado da estética. Aqueles que se posicionarem e se destacarem serão diferenciados, vão brilhar no meio de uma multidão de zebras. Se isso te causa algum desconforto, comece agora mesmo sua jornada de autoconhecimento. Se quiser uma dica, a mais importante é essa: o que você tem de diferente é o que te torna especial. Essa frase é a explicação para o fato de você ser única em meio a 8 bilhões de pessoas. Lembra da primeira frase deste livro? Pois é! Chegamos ao fim do livro com esta única conclusão: a sua mãe sempre esteve certa! Não ser todo mundo é o único caminho possível para a autenticidade.

É por isso que sempre que surge uma trend de internet que satura as redes sociais alerto as alunas: "Se você seguir, será apenas mais uma zebra branca com listra preta. Porque, ao abrir o feed do Instagram, há um monte de pessoas fazendo a mesma coisa". Acredito muito no marketing da diferenciação, porque o mercado da estética no futuro será mais competitivo. O público continuará crescendo, mas não será fácil. Fazer uma toxina não é a coisa mais difícil do mundo. O componente técnico conta muito, não quero que essa frase diminua a nossa responsabilidade, porém, literalmente, a cada esquina tem uma pessoa fazendo. Então, por que o seu paciente te escolheria em meio aos demais? A única resposta que realmente fideliza é: se ele gostar da pessoa que você é, não somente da profissional que o atendeu.

Também acho que as pacientes estão se tornando mais exigentes devido ao Instagram, aos filtros e às expectativas irreais de como é um rosto bonito depois dos recursos das redes sociais. Acredito que lidar com as expectativas criadas pelas redes já é um desafio, mas será ainda maior. A quantidade de processos e denúncias de pacientes insatisfeitos contra profissionais desqualificados tem crescido diariamente. Porém, acredito que a maioria delas poderia ter sido evitada, ou resolvida, com acolhimento e empatia.

Costumo questionar minhas alunas durante a mentoria: "Você é uma pessoa agradável? Tem amigos? As pessoas gostam de estar perto de você? Às vezes sou mais direta e falo: "Conta para mim, você é chata? Fala com sinceridade". Juro que é com todo o amor do mundo, mas é preciso se enxergar e entender o que estamos trazendo nas nossas interações com os outros.

A maior parte das instituições de ensino se chamam "Instituto" ou "Academia", mas quando nomeei a escola como Escola da Bel, essa escolha não foi em vão, mas 100% intencional. Uma escola é onde somos crianças felizes, nos desenvolvemos, nos relacionamos, aprendemos! Por isso, incentivo minhas alunas a se valorizarem. No meu caso, por exemplo, sou comunicativa e criativa, e utilizo essas características a meu favor, mas nem todo mundo é assim. E está tudo bem. Ninguém pode ser igual, lembra? Existem pacientes introspectivos que se sentem desconfortáveis diante de pessoas expansivas como eu. Então se você é tímida, tente não ver isso como um defeito, afinal, o que você tem de diferente é o que te faz especial! Mas não use isso como desculpa para se acomodar nas suas limitações, tente sempre melhorar, trabalhar sua comunicação ou oratória, por exemplo.

Algumas alunas têm dificuldade em descobrir seu diferencial, e realmente não é fácil; a jornada para chegar até aqui foi longa e árdua! Parece muito mais fácil reproduzir o molde de quem já fez e foi bem-sucedido, certo? Errado! Algumas alunas veem o sucesso que temos com a temática do arco-íris, por exemplo, e copiam exatamente o desenho da nossa parede, achando que vai dar certo para elas também. Mas não dá, porque se não há intenção, não há recompensa. O sucesso é como uma sementinha que você planta, cuida e rega, até que floresça.

Quando fizemos a linha de jalecos, aprendi uma nova palavra para o meu vocabulário: "modelagem". Modelar na costura significa reproduzir infinitamente uma peça piloto. Você quer ser a peça piloto ou a réplica? Quando você vê profissionais que admira, pode e deve modelar suas ações, mas precisa imprimir o seu DNA a cada novo modelo, caso contrário jamais sentirá a brisa fresca da autenticidade e ficará eternamente preso, esperando alguém dar as coordenadas para você repetir.

Na primeira aula da mentoria eu realizo uma dinâmica com muitas perguntas para que as alunas respondam individualmente em um papel e se conheçam melhor. "No que você é boa?"; "Qual é o seu diferencial?" "Qual é o seu ponto fraco?" "Como pode melhorar?". Se você não dedicar tempo para refletir sobre essas respostas, não encontrará soluções. Quando eu estava na minha pior fase, ganhei de presente da minha mãe uma espécie de "baralho do autoconhecimento", que continha uma pergunta em cada carta. Durante um bom tempo me dediquei a responder essas perguntas em um caderno. Esse exercício me trouxe muita clareza e é por isso que o reproduzo nas aulas. Você pode fazer um exercício assim sobre si mesma, e também sobre o seu negócio, o que é muito comum em briefings de serviços personalizados para clínicas. Isso nos faz pensar bastante e traz bastante lucidez, percepção e autoconhecimento!

"A MENTE QUE SE ABRE A UMA NOVA IDEIA JAMAIS VOLTARÁ AO SEU TAMANHO ORIGINAL."
ALBERT EINSTEIN

Não importa onde eu esteja, quando projeto meu pensamento para daqui a cinco anos, vejo tudo em uma escala bem maior. No entanto, deixo um pouco de espaço para as surpresas, porque existem coisas que Deus prepara em silêncio para nós. Há cinco anos, eu sabia que seria grande, essa era minha única certeza, porque estava trabalhando para isso incansavelmente. Decidi fazer a minha parte enquanto Deus fazia a dele. Nunca imaginei que moraria em Nova York, mas ainda bem que Deus imaginou! Não sei exatamente onde nem como vai ser, mas tenho a certeza de que será incrível!

Uma vez, uma pastora, amiga da minha mãe, estava fazendo uma oração na clínica. Ela teve uma visão sobre o meu futuro e disse: "Você será muito próspera, seu nome estará em manchetes ao redor do mundo". Ainda não vi meu nome em notícias internacionais, mas se você entrar na minha sala de atendimentos hoje, em Dourados, e procurar o post-it que está embaixo do porta canetas, dentro do armário, vai encontrar esse versículo, escrito por mim, quando me formei:

"TU ME TORNARÁS CADA VEZ MAIS FAMOSO E
ME CONFORTARÁ DE TODOS OS LADOS."
SALMOS 71:21

"E, QUANDO DEUS CONCEDE RIQUEZAS E BENS A ALGUÉM E O CAPACITA A DESFRUTÁ-LOS, A ACEITAR A SUA SORTE E A SER FELIZ EM SEU TRABALHO, ISSO É UM PRESENTE DE DEUS."

ECLESIASTES 5:19

Busque seu pote de ouro

Lápis e papel na mão! Encare estes exercícios com bastante atenção para ter clareza sobre tudo o que deseja alcançar! Queremos te ajudar a encontrar o seu tesouro ao fim da jornada do arco-íris!

O que você espera encontrar dentro do seu pote de ouro?

A sua jornada aqui é uma verdadeira caça ao tesouro, afinal, todo mundo espera encontrar o pote de ouro no fim do arco-íris! Acredito que o maior tesouro que buscamos é o sucesso. Então, queremos te convidar a uma reflexão:

O QUE VOCÊ ESPERA ENCONTRAR DENTRO DO SEU POTE DE OURO? EM OUTRAS PALAVRAS... O QUE É SUCESSO PARA VOCÊ? QUAL TIPO DE RIQUEZA VOCÊ DESEJA CONQUISTAR?

A definição de sucesso varia de pessoa para pessoa e o que importa de verdade é o que significa para VOCÊ!

LIBERDADE FINANCEIRA?
DAR CONFORTO PARA A SUA FAMÍLIA?
VIAJAR PELO MUNDO?
SE TORNAR UMA GRANDE REFERÊNCIA?

Não importa, escreva tudo o que você deseja para a sua vida, e lembre-se de que quanto mais específica você for, melhor!

Escreva o seu pergaminho do sucesso!

Agora que você definiu o que tem dentro do seu pote de ouro, é essencial entender o que você precisa fazer para escorregar no arco-íris!

> Como assim, Tia Bel?

Você deve definir quais serão as tarefas que precisam ser cumpridas para te levar até o pote de ouro. Por exemplo, se o significado de sucesso para você é ter uma agenda cheia, o que você poderia começar a fazer ainda hoje para isso? Descreva quais são as etapas do seu plano, a curto, médio e longo prazo! Lembre-se que: o arco-íris só vem depois da tempestade, essa fase pode ser difícil, mas ela é a mais importante!

MINHAS METAS

Curto prazo

....
....
....
....
....
....
....
....
....
....
....
....
....

MINHAS METAS

Médio prazo

....

....

....

....

....

....

....

....

....

....

....

....

....

....

MINHAS METAS

Longo prazo

....
....
....
....
....
....
....
....
....
....
....
....
....

Carta para você no futuro

No ano de 2022 eu e o Lipe gravamos um vídeo com as anjas falando tudo o que imaginávamos para os próximos anos. A ideia era assistir novamente depois de três anos, mas, por curiosidade, assistimos no ano seguinte! Foi lindo ver tudo o que nós já havíamos conquistado, demos muita risada com algumas coisas, e percebemos que outras já não faziam mais tanto sentido! A ideia aqui é que você escreva uma carta para quem você espera ser no futuro, conte como são as coisas agora, agradeça por tudo o que você tem, escreva quanto espera crescer em cada área da sua vida nos próximos anos, escreva todas as suas dificuldades e tudo o que você sonha alcançar! Essa carta pode se tornar a sua oração diária, e vai ser lindo ver como tudo mudou daqui a algum tempo!

CARTA PARA VOCÊ NO FUTURO

....

....

....

....

....

....

....

....

....

....

....

....

....

Perguntas de autoconhecimento

Você se orgulha de quem você é hoje?

....

....

....

....

....

Como você pode ser uma pessoa melhor?

....

....

....

....

....

....

Como você ajuda as pessoas?

....

....

....

....

....

....

....

....

....

....

....

....

Qual a sua maior dificuldade hoje?

....
....
....
....
....

Como essa dificuldade pode ser resolvida?

....
....
....
....
....
....

Qual legado você quer deixar nesse mundo?

....

....

....

....

....

O que você tem feito por isso?

....

....

....

....

....

....

Dica do pote de ouro!

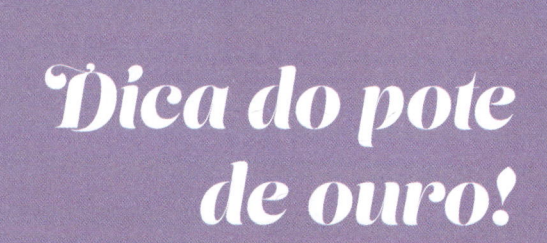

VOCÊ SABE O QUE É PROCEDIMENTO SELF-SERVICE?

Eu sempre falo para as minhas pacientes com medo dos procedimentos, ficarem tranquilas, pois, comigo, os tratamentos são self-service! Em um restaurante self-service você pode se servir à vontade, ou seja, quando coloco isso nos meus procedimentos, a paciente entende que vou fazer tudo conforme o gosto delas. Deixar a paciente participar do procedimento é algo que traz conforto para elas, pois se sentem no controle do resultado. Você pode implementar essa dica nas suas consultas, fazendo as seguintes perguntas, e depois dosando a quantidade de material para atender às expectativas da paciente:

1 Você gostaria de arquear a sua sobrancelha pouco, médio ou muito?

2 Você gosta do contorno labial bem discreto ou mais marcado?

3 Posso empinar bastante seu nariz ou prefere mais natural?

4 O seu 3M pode ser mais definido ou mais suave?

5 Quanto essa flacidez te incomoda de 0 a 10?

Depois de implementar essas ações, me mande um feedback contando o resultado!

PLAYLIST DA CLÍNICA NO SPOTIFY:
https://spotify.link/DV9E1KoBaBb

CANAL DO YOUTUBE:
https://www.youtube.com/c/BelGuerraHarmonizaçãoFacial

GRUPO DE ESTUDOS NO TELEGRAM:
https://t.me/+RHGCkfbEmaMesH9j

LIVE DO POTE DE OURO PARA VOCÊ APRENDER A CONQUISTAR TUDO O QUE QUISER:
https://www.instagram.com/tv/Co-28JNpFle/?igshid=OGIzYTJhMTRmYQ==

Respostas rápidas!

10 PERGUNTAS MAIS FREQUENTES NA "SEGUNDA DA PERGUNTA":

COMO ME DESTACAR?

A resposta está em encontrar o seu diferencial e mostrar isso para o mundo. Recusar-se a fazer o que todo mundo está fazendo!

COMO DAR CONTA DE TUDO?

Planejamento. Todo mundo tem as mesmas 24 horas. Divida suas tarefas ao longo da semana e não vá dormir com tarefas incompletas.

COMO PERDER O MEDO?

O primeiro passo é descobrir qual o seu medo. Depois, entender como superar cada um deles e, então, agir. Não deixe o medo te paralisar!

COMO TRANSMITIR AUTORIDADE?

A pessoa que é autoridade tem conhecimento e segurança naquilo que está falando. Se você não se sente assim, precisa estudar mais!

COMO INICIAR A COBRANÇA DE CONSULTA?

Comece cobrando um valor simbólico, no mínimo R$50, e deixe claro que o valor vai ser abatido do procedimento, caso a paciente faça.

COMO TER CONSTÂNCIA PARA CRIAR CONTEÚDO?

Algo que deu muito certo para mim foi tirar um sábado por mês para gravar os conteúdos e ir soltando aos poucos. Não desanime quando as visualizações forem baixas, como diz a Dory, em *Procurando Nemo*, continue a nadar.

COMO PERDER A VERGONHA DE FAZER VÍDEOS?

Vergonha não paga boleto. A quantidade de conteúdo que você grava é diretamente proporcional ao seu faturamento. Ninguém se importa tanto assim com a sua aparência, não fique procurando defeitos, quando gravar, poste, não fique revendo várias vezes.

COMO CUIDAR DA GESTÃO?

A melhor maneira de cuidar da gestão financeira e da gestão operacional é tendo uma visão macro do seu negócio. Crie planilhas no Excel e atualize diariamente.

COMO SER UM BOM LÍDER?

Ser um bom líder é ser uma pessoa inspiradora, que se importa mais com os outros do que consigo mesma. Trabalhe esses pilares e você será honrado.

COMO CONSEGUIR UM ESTÁGIO?

Muitas pessoas nos pedem estágio e dizem que seria muito bom para elas. O que não percebem é que essa é uma visão egoísta. Se você deseja conseguir um estágio, deixe claro para o contratante como você pode ser útil para ele também! Tenha um bom currículo e seja proativo.

Chegamos ao fim!

Para encerrar este livro, gostaria de dizer que oro pela sua vida e desejo que Deus lhe abençoe com toda sorte de bençãos, que Ele guarde as suas mãos em segurança e que você seja muito FELIZ!

Espero que você tenha aprendido que para se tornar uma boa profissional não basta somente dominar a melhor técnica, mas também dominar a arte de lidar com pessoas, pois esse é o melhor marketing de todos!

Eu confio na sua capacidade, e você?

"SOBRETUDO O QUE SE DEVE GUARDAR, GUARDA O TEU CORAÇÃO, PORQUE DELE PROCEDEM AS RIQUEZAS DA VIDA."

PROVÉRBIOS 4:23

Compartilhando propósitos e conectando pessoas
Visite nosso site e fique por dentro dos nossos lançamentos:
www.gruponovoseculo.com.br

facebook/novoseculoeditora
@novoseculoeditora
@NovoSeculo
novo século editora

gruponovoseculo.com.br

Edição: 1ª
Fonte: Caecilia LT Std Light